VS.中国《バーサス・チャイナ》

第三次
世界大戦は、
すでに
始まっている！

山岡鉄秀
Tetsuhide Yamaoka

ハート出版

はじめに

最近になってやっと、中国の脅威が一般国民の間でも認識されるようになってきたと感じます。何しろ、目の前で香港の民主主義が無慈悲に粉砕され、ウイグル人などの非漢人民族（彼らは必ずしも少数民族ではない）が強制収容所に送られ、思想改造されたあげくに強制労働に従事させられている事実が白日のもとに晒《さら》されるに至って、世界も無視できなくなりました。平和ボケしきった日本人の耳にも、警鐘の鐘が鳴るようになりました。しかし、まだまだ十分ではありません。日本人の多くは、これらを自分の問題として捉《とら》えられていません。

中国の他民族弾圧は今に始まったことではありません。チベットに対する侵略と弾圧がなされたのは1940年代からですし、その後も天安門事件（1989年）など、中国の人権無視は枚挙にいとまがなく、制裁の機運が高まったこともありました。しかし、世界は長い間、そのような人権問題も基本的には中国の国内問題であり、自分たちに直接およばない問題だと見なしてきたのです。

しかし今、アメリカやオーストラリアの政府高官やインテリジェンス関係者が、中国の脅威はソ連の脅威を上回る戦後最大の脅威であると明言しています。それは一体なぜでしょうか？

ソ連の脅威は、その強大な軍事力と共産主義革命の輸出でした。そしてソ連は、そのことを隠そうともしませんでした。それは「目に見える対決」でした。日本は反共最前線の基地として米軍の保護下に置かれ、安全保障はアメリカに任せて、経済発展に邁進《まいしん》することで富を蓄えることに専念しました。その結果、共産主義国家ソ連という強大な敵と対峙しながらも、日本は冷戦構造のもとで繁栄を極めることができたのでした。ソ連は、鉄のカーテンの向こう側の敵でした。

一方、いつの間にか経済力と軍事力を蓄えて覇権国となった中国の脅威に世界が気づいたとき、中国はすでに国境内部に深く入り込んでいました。それは、人体に例えるならば、外傷というよりも、内臓をじわじわと蝕《むしば》むガン細胞のような脅威だったのです。つまり、中国は内なる「目に見えぬ」敵だったのです。なぜ、そんなことが可能だったのでしょうか？

それは、中国が世界征服の野望をひた隠し、無害を装いながら膨大な人口を活かし、巨大な市場を提供するふりをしながら外国企業を取り込み、西側先進諸国と経済的な非分離性を確立していたからです。さらに、世界中に存在する中華系移民や留学生に至るまで、すべての中華系住民を工作員として活用し、社会のあらゆる角度から浸透工作を仕掛けて、戦わずしてターゲット国の属国化を進めました。各国が気づいたときは、もうどうしようもないほどガンのステージが上がっていました。豪州チャールズ・スタート大学のクライブ・ハミルトン教授は、それを「サイレント・インベージョン（静かなる侵略）」と呼びました。

ぎりぎりのところで覚醒した豪州は今、この中国のサイレント・インベージョンから国家主権を守るべく必死の戦いを続けていますが、広く転移したガン細胞を取り除くためには、自らの組織を摘出するような痛みに耐えなくてはなりません。経済的な損失も覚悟しなくてはなりません。これには、国民の広範な支持が必要です。

しかし、中国を経済的利益の観点からしか見られない経済人、特に日本の企業人たちは、人権問題に背中を向けてでも利益を優先することに恥じない傾向があります。これは、ガン細胞に侵されながら発ガン物質を食らい続けるような行為であり、企業のみならず、日本国の属国化をも推し進める危険な行為です。そして、日本政府はそのような企業人や財界人におもねり、有効な対策を講じられないまま、時間を無為に過ごしています。一部の政治家や政党が陥落して工作員化していることも明らかです。今や、覚醒したオーストラリアよりも日本の方が遥《はる》かに危険な状態にあると言っても過言ではありません。

事実上、我々はすでに第三次世界大戦に突入しています。しかし、今回の21世紀の戦争には大きな、そして極めて危険な特徴があります。それは、いつ始まっていつ終わるのか、不明確な戦争だということです。第二次世界大戦において、何を始まりとするかは諸説ありますが、国民は全員、戦争に突入したことを知っていましたし、敗戦に際しては天皇の玉音放送があり、降伏文書の調印があり、占領軍による統治期間を経て再独立がありました。国民は始めと終わりを認識していたし、せざるを得ませんでした。

ところが今、世界制覇を目指す中国に世界が仕掛けられている戦争は、始まりも終わりもはっきりしない、常識も限界もない戦争です。戦争している自覚もないままに、気がついたら浸透工作を受けて属国化しているというような、目に見えぬ戦争なのです。しかも、すでに相当やられているということが、本書をお読みいただければ理解できるでしょう。このままでは日本も遠からず、チベットやウイグルのようになってしまいます。もはや他人事ではないのです。

日本はこの、戦後最大の危機を乗り越えることができるでしょうか？　それはひとえに、国民の覚醒にかかっています。国民が危機に目覚め、危機の本質を理解し、政治家や官僚を動かしていかねばなりません。受け身の態度でいれば、完全に手遅れになってしまいます。

本書は、そのような危機感に駆られて、日ごろ特に国際情勢や国際政治に関心を持っていない方や、高校生や大学生にも読んでもらいたいという願いを込めて上梓されました。ぜひ、ご一読の上、周囲の方々にもお勧《すす》めいただき、今そこにある国家的危機に対する国民的認識を高めていただけましたら幸甚です。それが、この日本という素晴らしい国を守り、子孫に残していくために必要不可欠で、かつ、急を要することなのです。

もくじ

第1章　中国はなぜ世界の脅威となったのか？

グローバル社会は「悪魔」が支配する世界

多くの日本人は気がついていませんが、世界はすでに戦争状態にあります。21世紀の戦争は、武器を交える戦争ばかりではありません。むしろ、軍隊どうしの正規戦を避けて、一見戦争に見えない戦争が繰り広げられます。兵器以外のすべてが武器として使われるのが特徴です。「エコノミック・ステートクラフト」という言葉があります。経済を使って外国を操ろうとすることです。言い換えれば、気に食わない相手を、経済という武器を使って脅迫するということです。この手法を多用するのが中国です。

多くの国が中国の巨大市場に魅力を感じて莫大な投資をしました。中国市場に依存している企業や国は少なくありません。中国はそれを逆手にとって、脅迫のツールとして使用することに、なんの躊躇《ちゅうちょ》も感じない国になってしまいました。

今、中国によるオーストラリアいじめが酷《ひど》くなっています。理由は、オーストラリアがアメリカに同調して、新型コロナウイルスの発生初期段階について独立した調査を行うべきだと主張したから、ただそれだけです。

中国は、オーストラリアを西洋最弱の国だと見なしています（ニュージーランドは論外）。これまでも、あわよくば乗っ取ってしまおうと、浸透工作を続けてきました。中国は、弱い相手には容赦しません。今回も、オーストラリアに対し、立て続けに以下のような制裁をかけてきました。

- 牛肉の輸入を制限する。
- 大麦の輸入に80％の関税をかける。
- 石炭の輸入先を変更する。
- 鉄鉱石の輸入を港で止める。
- ワインやロブスターに高関税をかける。
- オーストラリアは人種差別が酷いから観光や留学に適さないと国民に告げる。

まさに、自分たちに逆らう生意気なオーストラリアは懲《こ》らしめてやる、と言わんばかりの、陰湿ないじめです。

中国はこれまでにも、さまざまな国を脅迫してきました。

領土問題で衝突したフィリピンのバナナを、港で止めて腐らせました。

人権活動家の劉暁波氏にノーベル賞を与えたノルウェーから、サーモンの輸入を止めました。

中国通信機器大手ファーウェイの副会長を逮捕したカナダから、野菜と食肉の輸入を止めました。

日本に対しても、尖閣沖で日本の巡視船に体当たりしてきた中国漁船の船長を逮捕した際、レアアースの輸出を禁じて圧力をかけてきたことを覚えている方も多いでしょう。

令和3年3月には突然、台湾からのパイナップルの輸入を止めました。

日本を始め、世界中から莫大な資金援助と技術援助を受けて経済大国となった中国は、豊かになるにつれて民主化するのではなく、逆に経済力を武器にして世界を恫喝《どうかつ》する国になってしまいました。

21世紀に入ってから急速に進んだグローバル化は、サプライチェーン（供給連鎖）のグローバル化を推し進めました。

今は死語となっていますが、昔の日本には「系列」という言葉がありました。日本は、製品設計からネジの1本に至るまで、すべてを自国内で作れる稀有《けう》な国でした。サプライチェーンが、縦《たて》に完結していたのです。それが日本経済の強さの源泉でした。

しかし、東西冷戦が終わり、世界市場が拡大し、超高性能の工作機械が普及し、通信技術が飛躍的に向上すると、世界はグローバル化の波に洗われ、日本的な縦のサプライチェーンを維持できなくなりました。

欧米のグローバル企業は躊躇なく、設計と販売など、高マージンが得られる部分だけを自社の手に残し、中間の製造工程は世界中に最適地を求めて分散させました。これを「水平分業」と言います。日本人はこういうドライな発想を持てないので、グローバル化の時代は日本凋落《ちょうらく》の時代となりました。

その結果、中国は世界の大工場となってしまいました。そして、多くのものが、中国抜きに作れなくなってしまったのです。今回のコロナ禍で、マスクすら国内で一貫生産できないことが分かりました。それどころか、抗生物質の製造に必要な有効成分も、中国でしか作られていないことが分かりました。これは恐ろしい事実です。中国が意図的にこうした有効成分の輸出を止めれば、世界中が薬不足におちいってしまうのです。たとえ中国に悪意がなくとも、疫病や災害で中国の工場が稼働停止になってしまえば、同じことが起こります。

このように、グローバル経済は、世界が平和で安定していることを前提とする、脆弱《ぜいじゃく》なネットワークなのです。それにもかかわらず、世界は経済効率を追求するあまり、市場規模やサプライチェーンを武器として他国を恫喝する一党独裁国家に依存しすぎ、生殺与奪の権を与えてしまいました。

だからこそ中国は、アメリカを追い落として自分たちが世界の覇権国家になれると確信したのです。経済効率と利益ばかりを追い求めたツケが回ってきてしまいました。

このように、グローバル社会は、身勝手な国家によって容易に破壊される脆弱な社会です。大至急、サプライチェーンの国内回帰および、悪意を持たない第三国への移転を実行しなくてはなりません。日本の生命線を守るのです。

このようなことを考えることを「経済安全保障」と言います。

残念なことに、日本の経済人にこのような話をしても、ほとんど理解されません。日ごろから安全保障について考える習慣がないのと、中国に完全に取り込まれてしまっているからです。憲法からして安全保障を度外視する平和ボケ国家日本は、悪魔が支配するグローバル社会では、容易に餌食《えじき》になってしまいます。

この現実を、ひとりでも多くの日本国民に認識していただきたいと思います。

日本は移民国家「豪州の失敗」に学べ

経済大国の日本ですが、国民1人あたりの名目GDPで見ると、IMF（米ドルベース、2020年）の統計によれば、世界23位（$ 40,146）で、決して効率は良くありません。一方、日本にとって戦略的重要さが増す豪州は9位（$ 52,825）で、日本よりも1万2千ドルほども高くなっています。この差は大きいと言わざるを得ません。

この豪州の豊かさは、間違いなく移民に支えられています。今や人口の28％が海外生まれとされ、4人に1人以上が、海外からの移民ということになります。

文化らしい文化がなかった豪州ですが、移民が持ち込んださまざまな文化が融合して、格段に厚みが出てきました。もともとイギリス系で、料理らしい料理もなかったのですが、ここ10年ほどで、豪州の食材を日本料理やフレンチとのフュージョン（融合）で仕上げる「モダン・オーストラリアン」というカテゴリーが登場しました。「マスターシェフ」という料理番組がヒットするなど、まさに隔世の感があります。

移民国家の豪州が、同じく移民国家の米国ほど荒れないのは、豪州が巨大な島国であり、米国にとってのメキシコのように「国境を接する国」がないことと、移民を基本的に技能ベースで入れてきたからです。このため、ボートで難民が押し寄せても、南太平洋の島々に収容し、本土への上陸を阻止しています。

このように国力増強に貢献した移民政策ですが、もちろんマイナス面もあります。日本人はそこから早急に学ばなくてはなりません。

まず肝に銘ずるべきは、「特定の民族の移民数が一定数（臨界点）を越えたとき、まるで自国にいるかのような傍若無人な態度に出ることがある」ということです。

その典型的な例が、私が関与した住民運動で最終的に阻止した、ストラスフィールド市における中韓反日団体による公有地への慰安婦像設置活動です。ここでのポイントは、市議会は本来、そのような申請はポリシー違反を理由に即刻却下できたはずなのに、逡巡していたずらに時間を浪費し、最終的に却下するのに1年半近くを要したことです。

いったいなぜか。それは市議たちが、合わせて住民の30％に達する中韓系住民の不評を買い、次の選挙で落選の憂き目に遭《あ》うことを恐れたからです。

市長を含めて7人の市議たち（市長は市議たちの持ち回り）のうち、常識に照らして慰安婦像に反対したのは3人だけでした。市長を含む後の4人は、明らかに中韓住民の顔色をうかがっていました。

我々の戦いは、いかに「良識の輪」を広げていくかでした。最後は、市による住民の意識調査まで行われました。

このように、慰安婦像設置が市の記念碑ポリシーに反し、豪州の多文化主義に反していても、「有権者の横暴」の前には、あっさりと折れてしまうのです。我々が「住民の意思」として反対活動を展開しなければ、いとも簡単に慰安婦像が建ってしまっていたことでしょう。

我々が学んだ最大の教訓は、民主主義社会とは決して自動的に良識に沿った判断が享受される社会ではなく、正義を実現するために戦う手段が用意されているに過ぎない、ということです。戦わずして正義は守れません。力なくして正義は実現できません。いま、日本人にその覚悟はあるでしょうか。

私がよく行く東京・下町の歴史ある商店街でも、歩いているとやたらと中国語が耳に飛び込んでくるようになりました。廃業する商店が後を絶たず、家主がそれを中国人に貸し出してしまうからです。

これは、その商店街の床屋で聞いた話ですが、ある日、商店会の会長が、中国人が経営する店に「会費を払って会員になって欲しい」と頼みに行ったそうです。しかし、応じた中国人は「我々は中華系住民のために商売をしているのだから、日本人の会に入る必要はない」と突っぱねてきました。その後、この会長はどういう対応をしたでしょうか。なんと、「では会費を安くするから入ってくれませんか？」と頼みに行ったそうです。もちろん、これも蹴られました。

会長さんは困って区役所に相談に行きましたが、「税金ではないので、強制的に徴収はできません」と言われるだけだったそうです。この逸話はまさに、日本人が移民をコントロールする能力が完全に欠如している証左と言っても過言ではないでしょう。

私は床屋の主人に言いました。「会長さんに伝えてください。懇願したら逆効果です。媚《こ》びる弱者と見下されるだけです。そうではなく、中国人の代表を訪ねてこう言うのです。この会費には街灯代が含まれている。払わないなら、君たちの店の前にある街灯からは電球を外すが、それでもいいか」と。もちろん、本当に外すつもりで臨まなければなりません。また、区議会も「商店街で店舗を賃貸に出すときは、商店会費も家賃とともに徴収し、納入しなくてはならない」という条例を作ってしまえばよいのです。

すぐに頭を下げてしまう日本人は、数で劣勢になったとたんに、簡単に移民に凌駕《りょうが》されてしまうでしょう。外国人に地方参政権など与えようものなら、どうなるでしょうか。移民国家の豪州でさえ、帰化しなければ選挙権も被選挙権も与えられないのに、ただ長く住んでいるという理由だけで参政権を与えようという愚かな国は、世界を見渡しても日本ぐらいのものです。

東京都江戸川区にインド人が多く住むことは有名ですが、トラブルが起きたという話は聞こえてきません。なぜでしょうか。ひとつは、住民の多くが、ＩＴ技術者などの高度人材（高額所得者）であることですが、彼らが基本的に「親日的で融和的」だからです。

たとえ、高度人材が有用であっても「親日的で融和的」という条件を絶対に外してはなりません。「反日を国是とする国」からの移民には永住権を出さない、ということにしても、人種差別にはなりません。なぜならこれは、のっぴきならない安全保障上の問題だからです。

そのことを痛切に教えてくれたのが、２００５年に豪州に政治亡命した、元中国外交官の陳用林氏です。

父親を無実の罪により中国共産党の拷問で亡《な》くした陳氏は、天安門広場の虐殺を目の前で目撃して衝撃を受けたそうですが、それでもいつしか外交官として、中共政府の「先兵」となっていました。命ぜられるままに、法輪功信者の弾圧、反政府勢力の監視、中共にとっての危険人物の拉致などにたずさわっていた陳氏は、ついに良心の呵責《かしゃく》に耐えかねて、豪州政府に政治亡命を申請しました。

その際に語られた陳氏の「告白」は、豪州を震撼させせました。陳氏によれば、その時点で豪州に1千人の中共スパイが潜伏し、軍事、科学、経済分野などのあらゆる情報を盗んでいるとのことだったたからです。

スパイには2種類あるといいます。ひとつは、現地にダミー会社を作り、そこにビジネスマンとして工作員を送り込んだり、研究機関に研究者として送り込むケース。そして、もうひとつは、現地に住んでいる中国人や留学生を勧誘して「エージェント」に仕立て上げるケースです。こうしたエージェントの勧誘には、カネとハニートラップが多用され、中央政府を含むあらゆる箇所にスパイ網が張り巡《めぐ》らされています。その他にも、現地に住む中国人が自由主義に目覚めて中共に批判的にならないように、ありとあらゆる洗脳工作がなされるといいます。

陳氏は、最近もテレビのインタビューに応じ、「この10年間でスパイの数は相当増加しているはずだ」と述べています。

さらに、最重要標的の米国や、その同盟国の日本には、遥かに多くのスパイが入り込んでいると陳氏は言います。中華系団体（留学生を含む）の代表は、ほぼ間違いなく中共政府に繋《つな》がっています。政府やマスコミなど、あらゆる主要機関に、すでにスパイ網が張り巡らされていると考えて間違いありません。かつて米国のフランクリン・ルーズベルト政権に、驚くほど多くのソ連のスパイが入り込んで、日米開戦を工作していた事実が思い起こされます。

しかし、私が最も衝撃を受けたのは、陳氏の政治亡命申請に対し、豪州政府が当初とった冷淡な態度でした。わざわざ中国総領事館に陳氏の個人情報を照会し、実質的に陳氏の亡命をリークするありさまでした。彼らはなぜ、そんなことをしたのでしょうか。答えは「経済」です。

2000年のシドニーオリンピック以後、豪州は資源を爆買いする中国への依存を高める一方でした。つまり、政治的な問題で、お得意様の中国の機嫌をそこねたくなかったのです。まあ、後でとんでもない「しっぺ返し」を食らうことになるのですが……。

日ごろは高邁な理想を掲げていても、現実には経済最優先であり、お得意様がどんなに酷い人権侵害を繰り広げていたとしても、結局は二の次、三の次なのです。２０１６年には、北の要衝ダーウィン港を人民解放軍と密接に繋がる中国企業に99年間リースするという大失態までやらかしました。もちろん、州政府に対する浸透工作がなされていたことは、疑う余地がありません。「極めて愚かだ」と陳氏は嘆《なげ》きます。

２０１７年1月17日、日本の法務省が外国人の永住許可について、高度な能力を持つ人材に限って許可申請に必要な在留期間を最短で「1年」に短縮する方針を発表しました。これも、経済界からの要請によるものでしょう。

乾杯する習近平国家主席とバイデン副大統領（2015）

私はグローバル企業での勤務が長いので、国際的な観点から、いかに日本で人材が枯渇しているかを、よく知っています。そして前述したように、私は移民の効果、特に高度人材の有効性をよく認識しています。しかし、「親日的で融和的」という大前提を忘れれば、わざわざ反日工作員に城門を開ける愚を犯すことになるのです。これは、すでに相当浸食されていると思われる日本に、とどめを刺す「ダメ押し」となるでしょう。

戦わずして日本を占領できる可能性がにわかに高まり、習近平がほくそ笑んでいるのは間違いありません。そして、日本の滅亡は、皮肉なことに、長期安定保守政権であった第二次安倍内閣が決定づけたと、歴史に記憶されることになってしまうかもしれません。

現在のような、新型コロナで人の出入りが止まった機会をとらえて考え直すチャンスを逃すべきではありません。

陳用林氏は今も、シドニーで中共の監視下に置かれながら生きています。彼の生命を賭したメッセージを受け取れるかどうかに、日本の命運がかかっていると言っても過言ではないでしょう。

香港を見殺しにした西側先進国は、必ず代償を払う

私が香港を訪れる機会があったのは、今からもう20年近くも前だったでしょうか。現地の人々には本当に親切にしてもらいました。何しろ、シンガポールほどではないにせよ英語が通じるし、アジア人的な親近感もあります。夜の10時を過ぎても道がたくさんの人で混雑し、レストランや商店に活気があふれているのが驚きでした。短い滞在でしたが、心に残る思い出です。

あの人たちは今、どうしているのだろう？　そんな思いが急に心をよぎりました。香港の民主的な運営を担保していた一国二制度が完全に潰《つい》えてしまったからです。

武漢肺炎騒ぎで延期され、２０２０年5月下旬になって開催されていた、中国における国会

機能である「全国人民代表大会」（全人代）で、香港に国家分裂行為などを禁じる国家安全法を導入する議案が審議・可決された瞬間、香港の命運は尽きてしまいました。

香港の「一国二制度」は、約束された2047年を待たずに終焉し、これまでかろうじて認められてきた表現や集会の自由が、大幅に制限されるようになってしまいました。事実上、政府批判は完全に禁じられました。

国家安全法のもとで、デモや集会で香港独立を主張すれば、国家分裂を扇動する罪で逮捕されてしまいます。また、デモや集会に参加しなくても、出版やネットなどを通じて共産党を批判したり、民主化を要求したりすれば、政権転覆を画策する罪となり、外国の政治家と面会したり、海外で香港の民主主義への支援を求める講演をしたりしたら、外国勢力による干渉を招いたと見なされて、やはり逮捕されてしまいます。

さらに、法案は「中央政府の国家安全当局が必要に応じて香港に出先機関を設置する」と定めているので、外国からの干渉には反発しながら、自《みずか》らは香港の行政に徹底的に介入する意図がありありです。

そして驚くべきことは、この法案が全人代で可決されたのち、全人代常務委員会が実際の法律を制定し、香港の議会での審議を必要としなかったことです。これは完全な香港の自治の無視であり、一国二制度を終わらせて大陸に吸収することが目的だったのは明らかです。

その後、民主派による抗議デモは徹底的に弾圧され、当局は容赦なく催涙弾を発射して、千人単位で参加者を拘束しました。香港の民主運動家、周庭（アグネス・チョウ）さんも、逮捕されて収監されてしまいました。

残念ながら、西側諸国も香港の自由と民主主義を守ることができませんでした。1997年の返還から23年。2047年までの50年間は一国二制度を維持するという約束は当然のように反故《ほご》にされ、香港も、中国の他の都市と同じように、完全に中国共産党の支配下に置かれてしまいました。

問題は、日本国としてこの出来事をどう捉え、どう反応し、どう自国の政策に反映させるか、ということです。

中国は、香港に対しては、もちろん、強引で直接的な抑圧的支配を行使してきます。それを、中国国内の問題と、他人事のように捉えたら大間違いです。中国は、より間接的な手法で、外国においても同じ効果を出すことを狙っています。ターゲット国の言論を統制し、中国にとって都合のいい国に作り替えようとしているのです。

周庭さん

その実験台に選ばれてしまったのが、オーストラリアでした。広大な国土に比して人口が少なく、移民政策を推進していたオーストラリアは、合法的に浸透できる格好のターゲットだったのです。その中国の意図を見抜き、その手法を綿密な取材で明らかにしてオーストラリア社会に衝撃を与えたのが、クライブ・ハミルトン教授の著書『サイレント・インベージョン（Silent Invasion）』でした（日本語訳は2020年に『目に見えぬ侵略』として飛鳥新社より刊行。山岡鉄秀〔監訳〕、奥山真司〔訳〕）。

この本が本国で出版されたのは2018年ですが、最後まで読むと、「オーストラリアは、もう駄目か？」と悲観的になってしまいます。しかし、著者のハミルトン教授は、人種的背景がなんであれ、すべてのオーストラリア人がこの危険な状況を理解することで、新しい全体主義から自由を守る戦いを始められる、と結んでいます。

現にオーストラリアは危機に目覚め、主権を守る戦いを始めています。アメリカもヨーロッパも、香港の件で相次いで中国非難の声明を発しました。特にアメリカは「香港人権民主法」という、香港の民主主義が侵されれば香港への優遇措置を撤廃することができる法律を施行しました。

ハミルトン教授の著書

翻《ひるがえ》って、日本政府の態度はどうでしょうか？

香港の危機は、自由と民主主義の危機です。この本質的な危機に対して、当時の菅義偉《すがよしひで》官房長官は2020年5月22日の記者会見で「大変高い関心を持って注視している」「香港はわが国にとって緊密な経済関係と人的交流を有する極めて重要なパートナーであり、一国二制度のもとで、自由で開かれた香港が安定的に繁栄していくことが重要だ」という、評論家のようなコメントを残しています。

百歩譲って、これが日本的な香港支持声明だったとしても、菅官房長官は同じ会見で習近平主席の国賓来日について「地域、国際社会が直面する課題に日中両国がともに責任を果たしていくことを内外に示す機会としていく考えに変わりはなく、関連の状況全体を見ながら日中間で意思疎通を図っていきたい」と述べました。

本気で香港を支援する気持ちがあれば、こんなことは言えないでしょう。香港ではあからさまに自由と民主主義が弾圧され、尖閣諸島では連日中国公船が領海侵犯して日本の漁船を追いかけまわしています。こんな状態で、まともな国なら習近平の国賓来日など考えられません。

日本政府は中国に媚びて香港を見殺しにしたと見なされても仕方ありません。そして、そのような行為は、かつてナチスと組んで滅亡の一歩寸前まで行った歴史を、繰り返すことに繋がるでしょう。

言い方を変えれば、日本ではすでにサイレント・インベージョン（静かなる侵略）が完了しているのかもしれません。

ひとりでも多くの日本国民に、日本が直面する現実の厳しさを理解していただきたいと願っています。すでに手遅れかもしれませんが、諦《あきら》めないという選択をする自由は、まだ失われていません。

（参考：産経新聞２０２０年5月24日版「香港の自由　大幅制限」、時事通信２０２０年5月22日版「習主席来日へ意思疎通　菅官房長官」その他）

トランプ大統領もポンペイオ国務長官も、あえて口にしなかった中国の本当の脅威

２０２０年7月21日、米国政府はテキサス州ヒューストンにある中国総領事館に3日以内の閉鎖を命令しました。これで米中対決は、小競《ぜ》り合いの域を超えました。そして、7月23日のポンペイオ国務長官によるニクソン大統領記念図書館での演説は衝撃的でした。しかし私は、国務長官があえて中国の本当の脅威について語ることを避けていることに気づきました。

トランプ前大統領とポンペイオ前国務長官

ヒューストンの中国総領事館閉鎖命令の理由は、同総領事館が巨大なスパイ活動の拠点になっていた、というもの。中国総領事館がスパイ活動や工作活動の拠点になっていることは常識でしたが、その規模が完全に許容範囲を超えているとの判断です。ニューヨークタイムズによれば、スティルウェル米国務次官補は、「ヒューストンの中国総領事館は人民解放軍が学生を米国の大学に送り込み、軍事的優位を高める工作の拠点になっていた」と語ったそうです。さ

らに具体的には、テキサス研究所からの知的財産窃盗に関与していたとのことです。

この直後、そのような中国の動きを裏づけるかのように、サンフランシスコの中国領事館に逃亡していた中国人女性が逮捕されたというニュースが流れました。ジュアン・タンという37歳の中国人女性は、2019年12月にガンの研究者としてカリフォルニア大学デイビス校に入学しましたが、ビザ申請の際、中国人民解放軍との関わりは皆無であると宣言していました。

しかし、調査の結果、空軍医大に勤務していたことが分かり、現役の軍関係者であることが発覚しました。FBIが6月20日に彼女にこうした質問をすると、即座にサンフランシスコの中国領事館に逃げ込んだとのことです。メディアでは、軍服を着た彼女の写真が公表されています。裁判で有罪となれば、最高で懲役10年の罪になります。

一方、ヒューストンの中国総領事館閉鎖に反発した中国政府は、その報復として、四川省成都にある米国領事館の閉鎖を発表しました。

ジュアン・タン
（米司法省ＨＰより）

報道によれば、FBIは中国のスパイ工作に関連して約2千件の調査を実施しており、その数は10時間に1件の割合で増えているそうです。まさに、サイレント・インベージョンです。ハミルトン教授の著書が豪州で出版されてから2年。米国はそのすべてを理解し、検証したうえで、強硬策に出ました。もはや貿易戦争の域ではありません。

米中対決が本格化したのは、2018年にペンス副大統領が

乾杯するニクソン大統領と周恩来首相（1972）

ペンス前副大統領

ハドソン研究所で行った演説が始まりと言われていますが、前述のポンペイオ国務長官がニクソン大統領記念図書館で行った演説は、米中対決が全体主義対自由主義の戦いであることを改めて宣言したものとして、歴史に刻まれるかもしれません。

ニクソン大統領が中国を電撃訪問してから、2022年で50周年の節目です。ポンペイオ国務長官は、ニクソン元大統領が当時、これ以上中国を無視できないとしながらも、中国が変わらない限り世界は平和にならないので、中国に変化を促す必要があると発言したこと、また、中国を世界に繋げたことで、フランケンシュタインを作り出してしまったのではないかと悩んでいたことを紹介しました。そして、全体主義を奉じる習近平の覇権主義を打倒しなくてはならない、そのためには自由主義諸国が団結して立ち上がる必要があると語りました。また、ポンペイオ国務長官は次のように述べています。

「我々が中国を変えなければ、中国が我々を変えてしまうだろう」

実に問題の本質を突いた発言です。つまり、もはや「対話を通じてうまく折り合いをつけてやっていこう」という次元ではないのです。

しかし、トランプ大統領もポンペイオ国務長官も、どんなに過激に聞こえる演説でも、口にしないことがあります。それは中国の本当の脅威は何か？　そして、なぜそれを今、阻止しなくてはならないか、です。

当時のトランプ大統領の発言を聞いていると、こんなふうに理解できました。

- 中国の不公正なビジネスでアメリカ経済は製造業を中心に大損害をこうむった。
- 中国は不正にアメリカの知的財産を盗んでいる。
- 中国は領土的野心を隠さず、力で現状の変更を試みている。
- トランプ政権はアメリカの利益を最優先する（アメリカ・ファースト）。
- アメリカは貿易の不均衡を解消するために、強い態度で中国に対する。

メディアだけを見ていると、米中の対決は基本的に経済・貿易戦争のような印象を受けてしまいますが、２０２０年になってそこに新型コロナや香港の問題が出てきて、「やっぱり中国は悪質だ。押さえ込まないと危ない」という認識が共有されました。

しかし、本当の脅威はさらにその先、近未来に向けて中国が用意していることなのです。中国は世界征服を実現するために、ハイテク分野で圧倒的優位に立つことを目指し、それを既に半《なか》ば実現しているのです。

アメリカを中心に、中国がファーウェイなどを使って5Gネットワークで世界を網羅するのを防ごうとしていることは、比較的知られていると思います。今の4Gとは比較にならない速度で生活インフラになる5Gネットワークを掌握することは、世界の生殺与奪の権を掌握することになるからです。

しかし、中国はさらにその先を目指しています。盗聴が絶対に不可能な「量子通信」と、スーパーコンピュータの性能を遥かに凌駕する「量子コンピュータ」の開発で、なんとアメリカを一歩リードしてしまった可能性があるのです。

さらに、中国は宇宙空間の支配も目論《もくろ》み、独自の宇宙ステーションを開発しています。

今は昔と違い、ハイテク分野の進歩や発明は、民生にも軍事にも活用できる時代です。つまり、ハイエンドテクノロジーで世界をリードすることが死活的に重要なのです。

つい最近まで、中国製といえば「安かろう悪かろう」でした。最近になって、ハイテク製品を中心に品質が急上昇しましたが、それでも、外国でデザインされたものを、輸入された部品を使って組み立てるだけでした。だからこそ、「世界の組み立て工場」と呼ばれたのです。

それがなぜ、いつのまに、未来の技術開発で先行し、宇宙空間の支配まで視野に入るようになったのでしょうか？　それは、スパイ活動、サイバーアタックに加え、後述する千人計画、万人計画などを通じて、世界中から最高頭脳をかき集めたからこそ可能になったのです。このような躍進は欧米人協力者の存在抜きには不可能でしたが、海外で学んだ天才的中国人も、中華帝国再興の夢の実現に協力しようと帰国しました。

前述のような超先端技術を中国に支配されてしまったら、文字通り全世界は一党独裁国家の支配下に置かれてしまいます。ポンペイオ国務長官が、「我々が中国を変えなければ、中国が我々を変えてしまうだろう」と言った本当の意味は、そういうことなのです。

中国の本当の恐ろしさは、単なる経済力や軍事力ではありません。超先端技術を開発し、世界支配に向けて着々と計画を進める戦略性にこそあるのです。それを阻止するためには、彼らの資金力を断たなければなりません。そのための貿易戦争なのです。

中国の脅威の真実があまりにも深刻なので、あえて誰も言葉にしないのです。残された時間は多くありません。静かなる侵略は、静かなる第三次世界大戦へと向かっています。

三国志に学ぶ、日本も欧米も見落としていた中国の本質

2020年7月23日に発表された米国の有力シンクタンク、CSIS（Center for Strategic and International Studies）の「日本における中国の影響（China's Influence in Japan）」というレポートが話題になりました。まさに、日本におけるサイレント・インベージョンの進行具合を調査したレポートです。2年間にわたって、さまざまな関係者にインタビューしてまとめたもので、かなり網羅的な内容になっています。

このレポートが話題になった理由のひとつは、文中で、当時の自民党の二階俊博幹事長と首相官邸の今井尚哉《たかや》首相補佐官が「二階・今井派」と呼ばれる親中グループであり、安倍政権に親中的な政策を取らせ、中国による一帯一路への参加を促し、習近平国家主席の国賓来日に積極的だったと、はっきり書かれていたことです（実際に「二階・今井派」と呼ばれるグループがあるかどうかは別として）。

また、森まさこ法務大臣（当時）が、中国のネット通販最大手アリババの創設者であるジャック・マーが二階幹事長に100万枚のマスクを送った際に、「ありがとう、ジャック」とツイートし、作家の百田尚樹さんから批判されたことまで書いてあります。このようなアメリカのシンクタンクが、日本の親中派をはっきりと名指ししたことは興味深いことです。

他にも「Fellow Traveler：中国共産党シンパ」という章があり、中国に協力的な団体や個人について書いています。組織としては、公明党と創価学会が中国と共に憲法9条を守る、非常に熱心な中国の協力者として挙げられています。そして、2018年には山口那津男代表が訪中し、池田大作氏が1968年（日中国交正常化前）に訪中して親中演説をした50周年を祝い、池田大作氏が中国人民対外友好協会から表彰されたと書いています。池田大作氏が今どこにいるのか分かりませんが。

個人としては、鳩山由紀夫元総理大臣が熱心な中国共産党シンパとして挙げられています。しかし、「彼は宇宙人というニックネームがあり、もしかしたら無意識に自分が信じていることを言っているだけで、エリートのターゲットとして絡《から》めとられたのではないかもしれない」と解説されているのが面白いです。鳩山氏は、中国が主導するＡＩＩＢ（アジアインフラ投資銀行）の理事に就任していますから、筋金入りの親中派であることは間違いありません。

このように、日本における親中派を名指しで指摘している当該レポートですが、全体としては、日本における中国の浸透工作は成功していないと結論づけています。日本は一見、さまざまな分野で中国の影響が見られるが、それでいて強くは影響されずに距離を置いている、というのです。

その理由がいくつか記載されていますが、日本は文化的に排他的で、オープンな社会ではなく、中国に対する猜疑心《さいぎしん》も強いというのが、大きな理由だと分析しています。それはつまり、日本政府の意図的な政策によるというよりも、日本の閉鎖的文化やビジネス慣行によるところが大きいということです。

他の西洋諸国と比べて、移民や難民の受け入れが少ないことも挙げられていますが、これは今後の政策によっては揺らいでいくかもしれません。現在日本に約80万人いるとされる中華系移民が、中国共産党の工作対象となっていることは間違いないからです。

さて、このレポートは正しいのでしょうか？

ほぼ正しいと私は思います。しかし、もし一点、挙げるとすれば、日本人の中国に対する独特の弱点を見落としていると思います。『China 2049』（日本語版は日経ＢＰ刊）の著者マイケル・ピルズベリー氏によれば、同じく世界中が見誤った点だというのですが。

それは、「中国にはハト派とタカ派がいて、そのどちらが主流かを見誤った」ということです。

ハト派は、儒教など、道徳的、文化的、融和的側面を保有し、またそれを強調するグループ。

タカ派は、春秋戦国時代のメンタリティを強く持ち、長期的戦略を実行して世界制覇を狙う、いわゆる「戦狼」グループ。

どちらも、中国が持つ文化的特性で、中国の素顔です。

ピルズベリー氏は、西側世界は長く、中国ではハト派が主流で、タカ派は傍流に過ぎないと思い込んできた、と言います。ところが最近になって、実は逆で、タカ派こそが中国の主流であり、本質であると悟ったというのです。

「戦狼外交」という言葉がありますが、中国人の外交は、なんと紀元前の春秋戦国時代（紀元前７７０年~紀元前２２１年）を範にしているそうです。そこに出てくるのは、数限りない策略と謀略の世界です。分かりやすくするために、『China 2049』で紹介されている中国の格言を、いくつかご紹介します。

「天無二日《てんむにじつ》 土無二王《どむにおう》」（天にふたつの太陽はなく、地上にふたりの王はいない）
「瞞天過海《まんてんかかい》」（天をあざむきて海を渡る／ありふれた風景に隠れ、敵の油断を誘う）
「韜光養晦《とうこうようかい》」（力を蓄えて好機を待つ／才能や野心を隠して、古い覇権を油断させて倒し、復讐

を果たす）
「鼎《かなえ》の軽重《けいちょう》未《いま》だ問《と》うべからず」（自分が敵であることを悟らせない）

ようするに、完全に勝てる状況を作り出すまでは、徹底的に敵を油断させて、自らが敵であることを悟らせない、というのです。そして、天に太陽がふたつないように、地上にふたりの王はいない、と言っています。つまり、最終的にはアメリカを退けて中国だけが世界の覇者となる、それを100年かけて達成する、というわけです。

このことに西洋社会は気づかなければならない、とピルズベリー氏は強調します。中国は、あくまでも復讐の機会を虎視《こし》眈々《たんたん》と狙っているのだと。

ですが、この現実に、ようやく世界も日本も気づき始めました。そこには、今回のコロナ禍が大きなきっかけになったということもあるでしょう。

さて、ここで私は、日本人特有の弱点を指摘しておきたいと思います。それは、日本人は中国とのつきあいが長い分、西洋人とはまた違った形で、中国のハト派に憧憬《しょうけい》（あこがれ）を持つ傾向があるということです。

たとえば、日本人は論語が大好きです。当の中国では文化大革命を経て壊滅しているのに、孔子は日本でこそ生きています。論語を始めとする古典に親しんでいれば、なんとなく中国は立派な国だなと思ってしまいます。中国もそれを知っていて、利用しようとします。

実は、もっと問題なのは、三国志のような戦記物の世界も大好きだということです。好きであること自体が問題なのではありません。問題は、我々が遥か古代の大河ドラマを見ているような気分になっていることです。私も、子供のころに見た三国志の人形劇が大好きで、諸葛孔明《しょかつこうめい》に心酔したものです。

しかし、ここで我々は、思い出さなくてはなりません。歴史ドラマとして見れば面白いことこの上もありませんが、中国人は21世紀の今でも、当時の策略と謀略の世界を範として必死に学び、現在の国家戦略に応用しようとしているのです。

想像してみてください。諸葛孔明や龐統《ほうとう》が現在の我々に対して、あらゆる権謀術数を仕掛けようとしていたとしたら、あなたに立ち向かう意思と気力と、対抗するための策略があるでしょうか？　我々は三国志をエンタメと考えてはなりません。我々は、勝つためには手段を選ばない、戦国武将たちと対峙しているのです。

パンデミック前の2019年11月、媚中ギリシャに中国が医療器具大量供与の謎

中国が仕掛ける浸透工作には、さまざまな手法がありますが、そのうちのひとつが、シンクタンクを開設して親中的なレポートを次々と世に送り出すことです。

オーストラリアのシドニー工科大学には２０１４年、「豪中関係研究所」というシンクタン

ボブ・カー元外務大臣（出典：豪州外務貿易省）

クが開設されました。中国人大富豪の黄向墨氏が１８０万ドルという大金を寄付して開設し、政界を引退した労働党の大物である、ボブ・カー元外務大臣を所長に起用しました。

思わぬ名誉職にありついたカー氏は大喜びで、かつて天安門事件の際には中国の一党独裁政権を激しく批判したことを忘れたのか、まるで中国の報道官のような中国擁護発言を連発します。あまりにも露骨な中国擁護なので、カー氏はいつしか「北京《ベイジン》ボブ」と呼ばれるようになりました。

この豪中関係研究所は、権威あるシンクタンクを装いながら、次々と中国擁護のレポートを発表していきます。たとえば、南シナ海における中国の行動を擁護したり、豪中自由貿易協定が豪州にとって利益が大きいと主張したり、といった具合に。それらは国会で取り上げられ、親中派の理論武装用に使われるのです。

これは彼らの常套《じょうとう》手段ですから、全世界で行われているはずですが、ヨーロッパにおける中国の浸透工作について調べていたら、偶然、ギリシャ関係のレポートを見つけました（Greece external relations briefing: Greece and China during the COVID-19 pandemic. By George N. Tzogopoulos）。

このレポートはギリシャ人が書いているのですが、とにかく、ギリシャと中国が厚い信頼で結ばれていることを強調しています。新型インフルエンザが中国で発生した際には、ギリシャは心からの同情を示し、ウイルスがギリシャで広まった際には、中国が全力で支援してくれたと、中国のマスク外交を絶賛しています。

よく見ると、あるシンクタンクが出しているレポートなのですが、それが中国系なのです。シンクタンクの名前は「China-CEE Institute」といい、２０１７年にハンガリーで開設されたとのことで、中国がヨーロッパに単体で開設する、初のシンクタンクだそうです。トップは中国人です。ＣＥＥというのは「Central & Eastern Europe」の略で、中央ヨーロッパと東ヨーロッパをカバーするもののようですが、なぜか、ギリシャもカバーされています。

このレポートには、中国がギリシャに大量の医薬品を提供したということが細かく書いてあるのですが、不思議な一節が強調されています。以下に訳します。

「さらに重要なのは、２０１９年11月20日に、中国機が18トンの医薬品を積んでアテネに到着したことだ。８トンは中国政府からの提供で、55万枚のマスク、ゴーグル、手袋、シューズカバーが含まれていた。残りの10トンは中国の企業や団体から寄付されたものだった」

なんと、２０１９年11月の時点で、中国からギリシャに大量の医薬品が供与されていたというのです。まるで、中国はこれから世界的なパンデミックが起こることを知っていて、ギリシャにあらかじめ準備を促しているかのようです。なぜ11月なのか、誤植でなければ、実に興味深い事実です。両国は、こうした機密情報を交換するほどに密接だということでしょうか。この、

2019年というのが間違いでないか、メールで問い合わせましたが、返事はありませんでした。

このレポートではさらに、他の西洋諸国と違ってギリシャが特に親中的であることが強調されています。ギリシャは、ギリシャ最大のピレウス港の株式51％を中国国有の海運最大手である中国遠洋海運集団（コスコ・グループ）に売却してしまっていますが、これについても「中国は港のすべてを機能させた」と高く評価しています。もちろん、中国のシンクタンクですから、中国政府の代弁者なのは当然ですが、それにしても、すごい露骨さです。

実はギリシャには、「ゴールデンビザ」と呼ばれるビザがあります。ギリシャの25万ユーロ（約3200万円）以上の不動産を購入したり、ギリシャの会社に40万ユーロ（約5100万円）以上投資したりすると、5年間の居住権がもらえるのです。しかも、5年ごとに更新可能で、7年経過すると市民権を得られるというのです。

オーストラリアにも、500万豪ドル（4億円程度）を投資すると永住権が得られるというスキームがあり、中国人の富裕層にとっては安い買い物となってしまいましたが、ギリシャは格安というか、投げ売り状態です。

ギリシャの市民権取得には、さらに戦略的意味があります。ギリシャ市民になってしまえば、EU加盟国への移動、就職、居住が容易になります。つまり、中国にとって極めて都合の良い、ヨーロッパ浸透の玄関口になるのです。だから、中国はギリシャに、EUから離脱してほしくありません。EU諸国からは、このギリシャのゴールデンビザに対して「マネーロンダリング

（資金洗浄）の温床になっている」と批判が集まっていますが、ギリシャ政府は聞く耳を持たないようです。

もともと、財政難におちいったギリシャに対してEU諸国は厳しい態度で臨み、特にドイツはギリシャに強い自己規律を求め、それに嫌気したギリシャが中国に走ってしまったという背景があります。

今、アメリカの主導で、脱中国の新しいフレームワークが急ピッチで形成されています。共産主義中国およびその影響下にある国々と、アメリカを筆頭とする自由主義陣営の大きくふたつに分かれていく構造変化が進行する中で、どうやら我々は、ギリシャを諦めなければならないようです。ギリシャではサイレント・インベージョンが完了し、ヨーロッパの脇腹に突きつけられた赤い薔薇ならぬ、赤い短剣となってしまいました。

中国の核弾頭倍増計画の陰《かげ》に蠢《うごめ》く「ロスアラモスクラブ」とは何か？

先日、著名な大学教授に声をかけられました。

「山岡さん、中国から何度も招待を受けているんだけど、どう思う？　飛行機は往復ビジネスクラスだって言うんだけど」

「先生、駄目に決まってるじゃありませんか。中国が世界中から頭脳をかき集めているのを、ご存じないですか？『千人計画』って聞いたことありませんか？」

「いやあ、断っても断っても、熱心に誘ってくるものでね……。僕に国際シンポジウムの議長をやってほしいというんだよ」

この教授は学長を退任したばかりでしたから、相手からしたら絶好のタイミングです。しかし、この教授は文系です。通常、中国が狙ってくるのは、科学者や技術者など理系の人物ですが、今回のことで、文系の学者も狙ってくることが分かりました。

この教授は保守的な論評で知られていますから、うまく懐柔してしまおうと画策しているのかもしれません。シニアの学者や政治家を中国政府の代弁者に仕立て上げるのは、サイレント・インベージョンの常套手段です。しかし、よもや自分の身近でこんな話を聞くとは！　やはり、中国の人材獲得作戦は、こちらが認識しているよりも、ずっと大規模だったのです。それに気づかずにきたのは、途方もない油断でした。

私は教授に、あるレポートを印刷して手渡しました。オーストラリアのシンクタンクであるＡＳＰＩ（Australian Strategic Policy Institute）が発表した、中国の人材獲得計画の実態を調査したレポートです。そのレポートには、いわゆる「千人計画」が、とっくに達成されたこと、さらに、それが氷山の一角でしかないことが克明に書かれていました。研究員で著者のアレックス・ジョスキ氏は言います。

「中国政府は２００８年から約６万人の科学者をリクルートした。その多くは米国からだが、日本、ドイツ、英国、シンガポール、フランス、カナダ、オーストラリアも主なターゲットだ」

日本では２０２０年６月２日、自民党の有村治子参議院議員が参議院財政金融委員会で千人計画について質問し、文部科学省は何も把握していないということが判明しました。

あらためて説明すると、千人計画とは、中国共産党中央委員会が２００８年12月に決定した海外の人材招致プログラムで、海外で博士号を取得しているなど、ノーベル賞受賞者を含む世界トップレベルの人材を破格の待遇で中国国内に招致することを目標としているプロジェクトです。

このプログラムに参加する条件には、参加していることを秘匿することが含まれているといい、アメリカのみならず日本の研究者もターゲットにされています。トップクラスの研究者には、約５４０万円の月給ならびに年間生活費として約１５００万円が支給されるほか、妻子の仕事や教育の面倒も見るということです。

一方、２０２０年1月には、ハーバード大学の化学・化学生物学部長チャールズ・リーバー教授が逮捕され、起訴されました。米国司法省のプレスリリースによれば、リーバー教授は、米国国防総省および国立衛生研究所から資金支援を受けながら、中国の千人計画に参加し、資金支援等を受けていたことを隠していたために、虚偽申告で逮捕されたとのことです。やはり中国は、世界中のトップ頭脳を買い漁《あさ》って

有村治子参議院議員

いたのです。

有村議員は、対する日本の状況について文科省に質問しました。

「文部科学省は、中国政府の国家目標と直結するこの最先端機微技術の研究開発、集積の動きを安全保障の観点からどのように認識しているのか？　外国政府と関係の深い外国資本や研究機関から日本の大学や研究機関に対する一定金額以上の寄付や研究者に対する特別便宜の動向を把握しているのか？」

文科省からの答えは、「政府に対する報告義務がないので個別具体的には把握していない」でした。

しかし、千人計画が発足したのは２００８年です。２０１１年には、外国人専門の外専千人計画が追加され、２０１２年7月には２２６３名の招致が成功したと報じられました。そこで、２０１２年8月には、10年計画である万人計画が発足しました。さらに、「Born in China 計画」という、帰国留学生に頼らない人材の自給自足計画も発足しています（『「中国製造２０２５」の衝撃』遠藤誉《ほまれ》、ＰＨＰ研究所）。そして前述のように、すでに約6万人が中国政府にリクルートされたというのです。

明らかに、千人計画というのは、あくまでもプロトタイプの計画であって、それを遥かに凌駕する規模で、人材獲得活動が実施されていると考えざるを得ません。事実、前出のジョスキ氏によれば、千人計画は分かっているだけでも２００以上あるリクルートプログラムのひとつに過ぎず、こうした人材獲得を実施する拠点は世界に600カ所以上あるというのです。先進国に散らばる獲得拠点は確認できただけで、米国146、ドイツ57、豪州57、英国49、カナダ47、日本46、仏46、シンガポール21、ニュージーランド12、スウェーデン12。なんと、日本にも46カ所もあります！

この人材獲得は、中国の中央政府のみならず、各州政府が競って実施しているようです。先日、ぞっとするニュースが流れました。

2020年9月1日に発表されたアメリカ国防総省の2020年度版の年次報告書によれば、中国が保有する核弾頭数は少なくとも200発で、今後10年間で少なくとも2倍になるというのです（日本経済新聞など）。なぜそんなことが可能なのでしょうか？

もちろん、この急激な軍事力拡大は広範な人材獲得計画の成果と考えるべきです。前出のジョスキ氏によれば、中央政府や地方政府とは別に、人民解放軍もまた、独自の人材獲得計画を実施しています。そして、米国の国立ロスアラモス研究所の複数の研究者が中国の機関にリクルートされ、「ロスアラモスクラブ」と呼ばれているそうなのです。

ロスアラモス研究所といえば、もともと第二次大戦中の原子爆弾開発計画であるマンハッタン計画を担《にな》い、ニューメキシコ州ロスアラモスに創設された巨大な研究所です。

「ロッキー山脈の南端の美しい森林に囲まれた広大な敷地（約110平方キロメートル）に2100棟もの施設が立ち並び、科学者・エンジニア2500名を含む1万人もの所員が勤務している。現在でも核兵器開発やテロ対策など合衆国の軍事・機密研究の中核となる研究所であるが、同時に生命科学、ナノテクノロジー、コンピュータ科学、情報通信、環境、レーザー、材料工学、加速器科学、高エネルギー物理、中性子科学、核不拡散、安全保障、核テロを抑止する核緊急支援隊の育成など、さまざまな先端科学技術について広範な研究を行う総合研究所でもある」（ウィキペディアより）

なんと、このアメリカの軍事研究の中核を担う研究所からも、科学者が中国の軍部にリクルートされているというのです。中国軍の急速な近代化と拡大の陰には、このようなアグレッシブな人材獲得計画が存在するのですが、世界がそれに気づくのが、あまりにも遅すぎました。アメリカでは前述のように逮捕者も出るようになっていますが、日本は文字通りのザル状態です。

日本の大学は「軍事研究はしない」などと、きれいごとを言っていますが、現在では、軍民融合（dual use）といって、民間用技術が軍事技術に転用される時代です。先ごろ大きな問題になった日本学術会議も、日本側の窓口として利用されているのは明らかです。

ちなみに、有村議員は中国の国連支配にも言及しました。そして、中国によって支配されている国連機関がＷＨＯ（世界保健機関）だけではないことを指摘しています。

有村議員の資料によれば、15ある国連専門機関のうち、ＷＨＯ以外の４つの機関のトップが中国に占められています。それらは次の４つの機関です。

①国際連合食糧農業機関（ＦＡＯ）
②国際民間航空機関（ＩＣＡＯ）
③国際電気通信連合（ＩＴＵ）
④国際連合工業開発機関（ＵＮＩＤＯ）

中でも、③の国際電気通信連合（ＩＴＵ）は、次の機能を有する極めて重要な機関です。

- 有線・無線の電気通信の利用に係る国際的秩序の形成に貢献する。
- 無線周波数スペクトルや衛星軌道の管理に責任を持つ。
- サイバーセキュリティ等について、専門的な技術援助を行う。
- 次世代通信規格（５Ｇ）の仕様を策定する。

前述の通り、中国はファーウェイやＺＴＥを使って5Ｇネットワークの世界制覇を狙っており、アメリカは必死にそれを阻止しようとしています。中国による5Ｇネットワークの寡占を許してしまえば、中国に生殺与奪の権を与えてしまうことになるからです。その攻防の最中《さなか》、中国はいつのまにか、その5Ｇの企画を策定する国連機関を押さえていたのです。これを油断と言わずして、なんと言うのでしょうか？　さらに、世界で最もサイバー攻撃を仕掛けている国が、サイバーセキュリティについて専門的な技術援助を行う機関のトップを占めているとは、泥棒が警視総監になるようなものではないでしょうか？

　このように、国連機関はすでに中国に蚕食《さんしょく》されています。ちなみに、現時点で日本がトップを占める機関は皆無です。

金融業界の強欲主義と、共産党幹部取り込みの手法「子息プログラム」

　2020年9月12日に、公益財団法人モラロジー研究所が新たに開設した人材開発講座「令和専攻塾」が開塾しました。4月の開塾予定がコロナのせいで延期され、やっと9月に開塾にこぎ着け、開塾式と共に塾長である櫻井よしこ先生の特別公開講演が行われました。塾生は、これから1年かけて、さまざまな講師から、激動する国際情勢に対応できる人材になることを目標に学んでいきます。発案者の私は塾頭にして運営責任者です。

　講演後のQ＆Aの時間に、私が壇上に上がって会場からの質問を受けつけたのですが、その中に、「グローバル企業が親中なのはなぜですか?」という質問がありました。

　時間がなくて十分に答えられなかったのですが、自分自身がグローバル企業に勤務した経験に照らして言えば、「グローバル企業こそは強欲資本主義の権化だから」です。

　企業は洋の東西を問わず利益至上主義ではありますが、グローバル企業は地球全体をひとつの市場と見なして利益の極大化を追求するので、国境や国家など、邪魔でしかないのです。

習国家主席とバイデン副大統領（2015）

ですから、中国共産党がその巨大な市場を開放して儲けさせてくれるなら、人権侵害も全体主義も覇権主義も関係ありません。そこを見越して中国は、シリコンバレーで巨大ファンドを運営してハイテクグローバル企業に投資しているので、ますます結びつきが強くなります。

私が個人的に知っているグローバル企業は主にIT関連ですが、強欲資本主義と言えば、ウォールストリートに代表される金融業界です。リーマンショックを引き起こした金融業界にモラルを求めるのは、新生児に泣くなと求めるようなものです。

中国政府が米国や豪州など、世界中で多額の資金を使って政財界に影響工作を行っていることは明らかです。特に、現在の米大統領ジョー・バイデンの息子のハンター氏がターゲットにされてきたことは有名です。しかし実は、ウォールストリートやロンドンのシティも、中国共産党に対して同じことをしているのです。

その詳しい例が、前出『サイレント・インベージョン』の著者、クライブ・ハミルトン教授の新著『ヒドゥン・ハンド（Hidden Hand）』に書かれています（日本語訳は２０２０年に『見えない手』として飛鳥新社より刊行。奥山真司〔監訳〕、森孝夫〔訳〕）。

米国の投資銀行は、中国マーケットをフルに開拓するために、中国企業による米国企業買収を促し、その資金を貸しつけてきました。そのチャンピオンと呼べるのが、リーマンショックの際に逆張りをして荒稼ぎをしたと言われる、ゴールドマン・サックスです。

ゴールドマン・サックスと言えば、2006年、同社のCEOからジョージ・ブッシュ政権の財務長官に転身したヘンリー・ポールソン氏が有名です。彼は、中国経済政策を自分に任せてくれとブッシュ大統領に求め、認められると、中国に深くのめり込み、「チャイニーズ・ポールソン」と呼ばれるようにまでなりました。彼の在任中に、中国政府による通貨操作や国有企業支配、強制的な技術移転、米国企業に対する不公正な扱いなどを改めさせていれば、その後の貿易戦争は避けられたかもしれないと批判されています。

中国市場で莫大な利益を得ることに血道《ちみち》を上げる企業のトップが財務長官になったのですから、どれほど中国の膨張に貢献したか計り知れません。

ブッシュ大統領とポールソン財務長官（2006）

そして驚くべきことは、なみいる米国や英国の金融業界が、中国市場で有利なポジションを得るためにやったことです。米英のヘッジファンド、保険会社、年金運用基金、銀行などにとって、魅力的な中国市場に参画する前提条件は、共産党幹部の家族にコネを作ることでした。そのために、中国共産党幹部の子女を特別に雇用していたのです。
通常、欧米の有名投資銀行に入社するのは容易ではありません。学歴も一流で、高い能力を示す必要があります。しかし、米英の投資銀行は、あえてこうした能力を度外視して、共産党幹部の子女を雇用することで恩を売り、ビジネスを獲得したり、有利な条件を引き出そうとしたりしていたのです。そのために、わざわざ高校時代からインターンに招いたり、サマーキャンプを開いたりする念の入れようです。

その驚くべき実態は2016年の米国証券取引委員会の調査によって明らかにされ、JPモルガンが、海外腐敗行為防止法違反（Foreign Corrupt Practices Act）で2億6400万ドル（約275億円）もの罰金を徴収されました。同社は「子息プログラム（Sons and Daughters Program）」というプログラムを持っていて、多くの共産党幹部の子女を香港、上海、ニューヨークなどで雇《やと》っていました。

そのうちのひとりが、中華人民共和国商務部部長だったガオ・フーチョン（高虎城）の息子であるガオ・ジュエでした。

ジュエは、彼の父親と、JPモルガンのシニアエグゼクティブであるウイリアム・ディリーの間で行われた会議の後で、JPモルガンに就職することが決まりました。ディリーは、クリントン政権で財務長官を務め、中国のWTO加盟を推進し、オバマ政権では大統領首席補佐官を務めた人物です。

ジュエの入社面接は芳《かんば》しくありませんでしたが、それでもJPモルガンのアナリストのポジションを与えられました。職場で居眠りするジュエは、すぐに未熟で無責任で頼りない社員と評価されました。

定期のリストラに合わせて、銀行は彼を解雇したかったのですが、父親のフーチョンはJPモルガンの香港支社に出向き、支社長のファンファンをディナーに連れ出し、追加のビジネス提供と引き換えに息子の雇用継続を懇願します。説得されたファンファン支社長がニューヨークのシニアエグゼクティブに掛け合って、ジュエの雇用を継続することになりました。

能力のないジュエは最終的には解雇されるのですが、その前に、ゴールドマン・サックスへの就職を決めていました。

このような例は枚挙にいとまがありません。要するに、米中の強欲が共振し、連鎖して今日《こんにち》の危機を招いたのです。

ここが、ソ連の脅威と根本的に違うところです。中央統制型強欲資本主義の中国は、人間の欲を燃料にして急拡大し、ついには、世界制覇が可能だと確信するに至ったのです。その餌を与え続けたのは、ほかでもない、西側の強欲グローバル企業でした。

中国は本当に情報戦の達人か？

中国と言えば、軍隊による正規の戦争よりも、あらゆる謀略による攻撃を得意とするというイメージがあります。それを「超限戦」と呼びます。これは、軍事の限界を超えた戦争、という意味です。つまり、通常の軍事の常識を超えたところで行う戦争、ということで、敵を油断させ、側面から攻撃し、非軍事的な手法で軍事的成功を収めることを目標とします。

その代表的な手法が情報戦で、中国伝統の「誣告《ぶこく》」を下敷きにしています。誣告とは、相手に無実の罪を着せて貶《おとし》める行為です。この中国の得意技に、日本はやられっぱなしで来ました。たとえば南京大虐殺。1937年（昭和12年）12月の南京戦において、日本軍が一般市民を含む30万人を虐殺したとされるもので、戦後、極東国際軍事裁判（東京裁判）で裁かれ、松井石根《いわね》大将が責任者として処刑されました。

南京で大規模な戦闘があったことは事実ですが、30万人の殺害は不可能です。そんなことが本当に起こったら、南京市は空っぽになってしまうはずですが、実際には戦闘終結後に人口が増加しています。しかし、日本政府が反論しないこと、逆に日本社会党など、積極的に中国側に協力する日本人がたくさんいたこともあり、中国が主張する被害者の数がどんどん膨れ上がって、とうとう30万人になってしまったわけです。巨大なプロパガンダマシーンとしての南京虐殺博物館が作られ、連日多数の観光バスが押し寄せて洗脳を続けています。

2013年には突如として『Chinese Comfort Women: Testimonies from Imperial Japan's Sex Slaves（中国人慰安婦：日本帝国の性奴隷の証言）』という本が、権威あるオックスフォード出版から出されました。日本政府が慰安婦問題で韓国に反論できず、謝罪ばかりを続けているのを見て、中国も乗り出してきたものです。韓国系の反日団体は、20万人の韓国人女性が日本軍の慰安婦にされたと主張してきましたが、中国は、それとは別に20万人の中国人慰安婦がいたので、慰安婦は合計40万人だったと主張しだしたのです。

日本の研究者により、この本の内容は荒唐無稽であることが証明されていますが、権威ある出版社から出版されているために、詳しい事情を知らない人は、そこに書いていることを信じてしまいます。本の要約にはこう書かれています。

「アジア・太平洋戦争の最中、日本軍はアジア中の何百万人という女性を慰安所に強制収容し、繰り返し強姦して拷問した。日本帝国軍は、現地女性の強姦の頻発や兵士の性病感染を防ぐために慰安所で働く女性を雇ったと説明した。しかし、現実にはこれらの女性たちは誘拐され、性奴隷になることを強要されたのだ」

ここまで滅茶苦茶を言われても反論しない日本政府。戦争に負けてから、完全に国としての背骨を失ってしまいました。それを見越した中国に、徹底的に悪乗りされているわけです。

日本政府も情けないですが、中国の、どんなでっち上げでも臆面もなく主張し、流布《るふ》しようとする態度は、長い歴史の中で培《つちか》われたものであり、日本人にはとても真似《まね》できません。

今回の新型コロナ騒動でも、中国は以下のような情報戦を仕掛けています。

- 中国は、いち早く危機を克服した。
- 中国は、世界を助ける側に回って献身的に援助している。
- ウイルスは外国から持ち込まれたものだ。中国の責任ではない。

変わり身の早さに唖然《あぜん》とします。しかし、中国は本当に情報戦の達人なのでしょうか？　実は日本が情けなさすぎるだけで、そうでもないと私は思っています。中国の情報戦の弱点は、品位がなさすぎることです。言い換えれば、あまりにも傲慢で暴力的なことです。

新型コロナに関しても、一部では「中国救世主プロパガンダ」に成功しているものの、アメリカを始めとする西側先進国からは「初期における中国の情報隠蔽《いんぺい》が世界に大惨事をもたらした。独自調査が必要だ」という非難を受けています。

そして、あれほどチャイナマネーに毒されていたオーストラリアでも、風向きが変わってきました。オーストラリアは、新型コロナウイルスの発生源や感染拡大に関する独立調査を支持していますが、それに反対する中国の駐オーストラリア大使、成競業は、なんとメジャー紙のひとつであるオーストラリアン・ファイナンシャル・レビューの1面インタビュー記事で、オーストラリアを露骨に恫喝する発言をしたのです。

「中国の市民は、なぜオーストラリア産のワインを飲まなければならないのか、なぜオーストラリア産の牛肉を食べなければならないのか、と思うだろう。中国人観光客もオーストラリアへの旅行を考え直すかもしれない。学生の親たちも、子供を留学させるのにオーストラリアが一番いい国なのか、考えるだろう」

これはまさに逆効果なのですが、大使ともあろう人が、こういうことを平気で言ってしまうのが、中国なのです。実際、中国はこれまでも何度も、この手の恫喝をしてオーストラリアをいじめてきました。彼ら流に言えば、中国の巨大な市場をも「武器化（weaponize）」しているのです。

しかし、このような言動は、オーストラリアを中国の脅威に目覚めさせることに繋がりました。先の中国大使の発言に対し、オーストラリアのペイン外相は次のように毅然と答えました。

「オーストラリア政府は新型コロナ感染症の独立調査について理にかなった要求をした。経済的な威圧はこうした調査の呼び掛けに対する適切な対応ではなく、そのような考え方を拒否する。私たちに必要なのは国際協力だ」（ロイター、2020年4月27日）

中国の何でもありの超限戦とプロパガンダは実に巧みで、大きな脅威です。しかし、どうしても、えげつなさと暴力性を隠すことができません。その結果、大きな反発を買うことになります。

これが中国の最大の弱点なのですが、彼らの本質なので隠しようがないのです。また、中国政府高官の過激な発言は、実は自国民向けのアピールでもあります。「中国政府（中国共産党）は悪い外国と毅然と戦っている。それができる中国政府（中国共産党）は正しい」と、自らの正当性を強調するためです。

ここで我々は、大きな教訓に気づきます。情報戦においても、外交においても、「過度な攻撃性（aggression）や、えげつなさ、下品さは逆効果だ」ということです。

ペイン外務大臣

だから我々も、韓国の慰安婦問題に対して「慰安婦なんて、ただの売春婦だ！」みたいな言い方は、すべきではないのです。

中国の脅威がソ連を凌駕する本当の理由

オーストラリアのインテリジェンス機関は、現在の中国による浸透圧力は、冷戦時代のソ連のものとは比較にならない、と言っています。

ソ連の脅威は、共産主義というイデオロギーの拡大と軍事力。米ソ直接対決はないものの、朝鮮戦争、ベトナム戦争を始め、大きな戦争がありました。

翻って、中国の脅威はなんでしょうか？　そう、サイレント・インベージョンです。目に見えぬ侵略です。移民をフルに活用した浸透工作。中国による浸透工作は、原則、全員参加です。

しかし、我々はもうひとつの、本当の脅威について自覚すべきです。それは、我々自身のグリード（貪欲）です。今の中国は、共産主義というよりも、全体主義的資本主義であり、徹底した国家統制主義でありながら、同時に強欲資本主義です。ここがソ連とは根本的に違います。

ソ連崩壊の後も、大国である中国は共産主義国家として残ったのですから、冷戦が終了したと考えるのは早計でした。現に1989年の天安門事件は、中国が民主化を弾圧して自国民を虐殺できる国だと全世界に証明してしまいました。

しかし、これに助け船を出したのが日本でした。彼らから乞われるままに、天皇訪中を実現し、中国を国際社会に復帰させてしまいました。すると、とたんに中国は反日教育を強化し、今日に至ります。そして、煮えたぎる復讐心を隠しながら、中国は開放路線をひた走り、世界の市場、世界の工場へと変貌していきます。多くの識者が言います。

「中国も豊かになれば、やがて民主化されていくだろう、内心ではアメリカのようになりたいと思っているだろう、そう信じて、世界は中国への支援を惜しまなかった。しかし、中国はGDP世界2位になっても、民主化することなく、むしろ帝国主義的性格を強めていった。世界は騙《だま》されたのだ」

いかにも、もっともらしい解説ですが、世界は本当にそんな「お人よし」なのでしょうか？違うと思います。真実は、今の日本の財界人がそうであるように、こぞって中国で金儲けがしたかったのです。そして、中国のリーダーたちは、その人間の強欲（グリード）をうまく利用して、西側先進国を味方につけながら、金や技術を吸い取る戦略を取ったのです。それは今も続いています。

先にも少し触れましたが、ハンター・バイデン氏は、バイデン大統領の次男です。そして、コカインを常用し、病死した兄の奥さんと関係を持ちながら、別の女性との間に子供を作っていた……など、不穏な噂が絶えない人物です。

父親のジョーがオバマ政権の副大統領だった２０１３年、ハンターは副大統領の専用機エアフォース2に乗って、父親の中国訪問に同行していました。父親が中国政府の要人と会っている間、ハンターは別の人々と、別の種類の会談を重ねていました。

そして、中国訪問から2週間も経たないうちに、彼は自身の会社であるローズモント・セネカと国営中国銀行が関与する中国系企業と共に、ＢＨＲパートナーズという投資会社を設立する契約をまとめることができたのでした。

このハンターの会社には、中国銀行から出資金として約１５００億円が振り込まれたと言われています。この投資会社は、主に軍需産業に投資する目的で設立され、これによってハンターが莫大な富を得たであろうことは疑う余地がありません。

報道によれば、その投資会社は、中国の軍事力を高める企業に次々と投資を行いました。そして、２０１４年、２０１５年と、中国は南シナ海への進出を強化していきますが、これに対し、オバマもバイデンも何も行動を起こしませんでした。

副大統領のジョー・バイデン自身よりも、家族に甘い汁を吸わせることで、影響工作を仕掛ける。まさに中国らしい策略です。

先般の大統領選で、民主党の大統領候補だったバイデンは、自身が大統領になったら対中制裁関税を撤廃し、ＷＨＯに復帰すると公言し、実際に大統領就任後、ＷＨＯへの復帰を宣言しました。いちどサイレント・インベージョンされたら、元には戻れないのです。

このように、中華帝国が仕掛けるサイレント・インベージョンと戦う上での「真の敵」は、我々自身の中にあるグリード（強欲）なのです。だからこそ、ソ連の脅威よりも遥かに強大なのです。中華帝国は、西側諸国の善意ではなく、グリード（貪欲）が育てたモンスターなのです。

日本では詳しく報じられなかった、中国企業による個人情報収集の衝撃

2020年9月、オーストラリア発の衝撃的なニュースが、世界を駆け巡りました。しかし日本では、簡単に報じられただけでした。

中国の企業「中国振華電子集団」の傘下にあるデータ関連企業Zhenhua Dataが、世界中で約240万人の個人データを収集していたことが分かったというニュースです。そして、そのうちの約3万5千人がオーストラリア人でした。日本人の数は不明ですが、安倍元首相のデータも含まれていたということです。

この会社は、中国共産党の諜報機関や人民解放軍を顧客としています。ターゲットとなったのは、各国の政治家、外交官、ジャーナリスト、科学者、芸能人など、多岐にわたります。

フェイスブック（Facebook）やツイッター（Twitter）などのオープン情報からの取得が主で、誕生日、住所、既婚か未婚か、写真、政治的活動、親戚、ＳＮＳのアカウントＩＤなどが収集されていました。しかし、情報の20％は不法に取得されたもののようで、銀行口座情報、仕事に応募するための書類、さらに、膨大な公務員の情報が含まれていました。また、ＳＮＳへの

投稿内容や「いいね」、リツイートまで収集されていたということです。

さらに不可思議なことは、世界中の、有名無名の犯罪者の情報が集められていたことです。各国の著名人ならともかく、なぜ犯罪者の情報が必要なのでしょうか?

このデータベースを取得した米国のクリス・ボールディング教授は「中国はテクノロジーを駆使した国家統制社会を、国内だけではなく、世界に延長しようという野望を持っている」と警告しています。

中国には二面性があります。戦狼外交という言葉に象徴される乱暴な顔と、サイレント・インベージョンに象徴される緻密で巧妙な顔です。

前者に気を取られると、「習近平は戦略性がないバカ者だ」という論調に繋がりがちですが、実は水面下では広範に、緻密で巧妙で戦略的なサイレント・インベージョンが進行しているのです。

自分は有名人じゃないから関係ない、と考えるべきではありません。前述の通り、公務員の個人情報も大量に収集されていたのです。

また、これは個人的な憶測ですが、犯罪者の情報が収集されていたという事実と、世界中、特に米国でさまざまな暴動が発生している事実が、無関係であるとは思えないのです。

世界中の人間のマインドに影響工作を仕掛け、犯罪を助長して分断工作を仕掛ける。まさに、際限のない戦争——超限戦です。

今回の報道は、私たちが、誇張なく、新世界大戦の最中にいることを証明してくれたのです。はたして菅総理大臣は、この過酷な現実に対応できるでしょうか？　いや、そもそも、認識できているのでしょうか？　私には、まったく楽観できません。

米大統領選は中国の完勝だったのか？　国家情報長官の書簡が示すＣＩＡの裏切り

２０２０年の米国大統領選挙については「不正があった」「不正はなかった」で大きく意見が割れてしまいましたが、それとは別次元の大きな問題が、少なくともふたつあります。

まず、テキサス州が提訴したように、ジョージア、ペンシルベニア、ミシガン、ウィスコンシンなどの激戦州で、選挙ルールが議会を経ずに変更されてしまったという、憲法違反です。最高裁はテキサスの訴えを、テキサスには当事者資格がないと言って退けましたが、多くの識者が「テキサスの訴えた内容は正しい。つまり、激戦州がやったことは明白な憲法違反」と述べています。

当事者資格がないと言われても、州どうしの諍《いさか》いは連邦最高裁判所が管轄すると憲法で決まっているのですから、しっかり審査してもらわないと困ります。憲法違反という重大な問題を、最高裁が放置していいわけがありません。選挙結果を左右することはもちろん、大統領も就任式では憲法を守ると宣誓するのですから、憲法違反が看過されることは国家の根本規範の崩壊を意味する、由々《ゆゆ》しきことです。憲法違反で誕生した大統領では、とてもこの難局を乗り越えられないでしょう。

結局、連邦最高裁は最後まで、憲法違反の疑いを審議することを拒否し続けました。2021年2月までずれ込んだペンシルベニア州での憲法違反を巡る訴えに対しても、審議を拒否しました。ペンシルベニア州議会が郵便投票の締めきりを投票日（11月3日）の午後8時到着までと決めたのに、ペンシルベニア州の最高裁判所が民主党の訴えを聞き入れて、締めきりを延長してしまいました。

選挙ルールは州議会が決めることを合衆国憲法が定めているのですから、ペンシルベニア州最高裁の判断は違憲の疑いが濃厚です。これは素人《しろうと》にも分かる理屈で、訴えは投票日の前からなされていたのにもかかわらず、連邦最高裁は徹頭徹尾、審議拒否を行いました。

これは、連邦最高裁での戦いを想定していたトランプ政権と共和党にとっては大きな誤算でした。唯一の黒人であるクラレンス・トーマス最高裁判事が苦言を呈する一幕がありましたが、アメリカの司法が憲法の遵守すらできないということを証明する、歴史的事件でした。これは、極めて深刻な事態です。

そしてもうひとつ、『サイレント・インベージョン』の監訳を担当した私が、一番心配していたことがあります。外国による、大統領選挙への干渉と影響工作です。

トランプ大統領は２０１８年９月12日付で、外国による選挙干渉に関する大統領令を発令していました。外国勢力が干渉してくることは明らかだったからです。大統領令では、選挙の日から45日間以内に、国家情報長官（DNI）が外国による干渉に関する報告書をまとめて提出することを義務づけていました。DNIは、米国連邦政府に属する16のインテリジェンス機関を束ねる立場です。

　そのDNI長官であるラトクリフ氏が2020年12月3日、突然メディアに登場し、「中国は米国と世界に対する第二次大戦以来の最大の脅威である。外国による大統領選挙に対する干渉が行われた証拠がある」と述べました。DNIの長官が公《おおやけ》の場所に登場して突然一般大衆に呼び掛けるのは異例のことです。相当重大な影響干渉工作があったに違いありません。その規模次第では、大統領選挙の結果がくつがえる可能性があります。

　しかし、期限の12月18日になっても報告書は提出されませんでした。一部のメディアでは、中国による干渉工作に対する意見がまとまらないのが原因と報道されました。嫌な予感がしました。一番大事な報告書が上がってこないのは、まさにサイレント・インベージョンされている証拠ではないのか、と。もし、2021年1月6日の選挙人投票までに提出されなかったら、いよいよ怪しいと思いました。

　残念ながら、嫌な予感は当たりました。報告書がやっと提出されたのは、選挙の趨勢が決まった1月7日だったのです。

　同日、1月7日付のラトクリフ国家情報長官の書簡を読んで愕

ラトクリフ元国家情報長官

然としました。そこには、報告書の提出が遅れた理由が、こう書いてあったのです。

報告書の作成には、国ごとに調査官が割り当てられているのですが、このうち中国担当の調査官が、報告書の提出を渋ったのだそうです。その理由はなんと、自分（たち）の報告書をトランプ政権に使われたくないからだというのです。

これは明確な規律違反です。インテリジェンスに関する報告書は、政治とは無関係に、事実ベースで作成され、報告されなくてはならないからです。

しかも、ラトクリフ長官は、この中国の選挙干渉に関するレポートは過小評価だと言います。そして、それとは異なる視点も、別の調査官から提供されたらしく、こちらはおそらく、より赤裸々に中国の工作を描写していたものと思われます。

ところが、こちらの方は、ＣＩＡの上層部によって撤回するように圧力がかけられたというのです。驚くべきことです。さらにショッキングなのは、ロシア担当の調査官と中国担当の調査官で、「干渉」や「影響工作」といった言葉の定義が異なるというのです。その結果、第三者が読むと、ロシアからの干渉はあったが、中国からの干渉はなかったように読めてしまうとのことです。何ということでしょうか。ＣＩＡまで中国にやられているのでしょうか？

結局、公にされたのは、ウクライナによる干渉だけでした。

ラトクリフ長官は、自身の声明でこう述べました。

「１９６２年にはソ連がキューバにミサイルを配備する可能性は低いと報告されたが、当時のジョン・マコーンCIA長官は合意せず、U2偵察機の飛行を命じたところ、ミサイルが既に配備されていることを発見した。自分もこの精神に則《のっと》って、中華人民共和国が2020年の大統領選挙に干渉しようとしたという少数派の見解に賛成の意を表する。そして、先に述べた中国に関する報告書に対する問題を解決すべきであることを主張する」

つまり、ラトクリフ長官が勇気をもって発言しなければ、中国の脅威に関する報告はCIAによって握りつぶされてしまった可能性があるのです。

ラトクリフ長官の勇気ある発言に救われた形ですが、実際に中国の干渉がいかなるものだったのかは明らかにされていません。これまで、画期的な対中封じ込め政策を矢継ぎ早に展開してきたトランプ政権下ですら、このありさまです。

そして、予定されていた米国国連大使の台湾訪問は直前で中止されてしまいました。実現すれば歴史的快挙だったにもかかわらず、です。トランプ政権が求心力を失い、中国からの圧力に屈する形になった可能性が高いでしょう。我々が想定する範囲内で、最悪のシナリオとなってしまいました。習近平の高笑いが聞こえるようです。本当の危機が訪れるのはこれからです。

はたして、この、1月7日に米国国家情報会議が提出したレポートは機密解除され、3月15日付で、一部を除いて公開されました。「Foreign Threats to the 2020 US Federal Elections（2020年米国連邦選挙に対する海外からの脅威）」というタイトルです。

その中身を見て、なぜラトクリフ長官が、わざわざ独自に異例の書簡を公表したか、その理由がよく分かりました。主要なポイントを以下に挙げます。

①総論

外国関係者が投票プロセスの技術的側面に関与し、変更しようとした痕跡はない。選挙プロセスを大規模に操作することは困難であった。

②ロシア

ロシア政府組織が、プーチン大統領の承認に基づき、バイデン候補と民主党を中傷し、トランプ前大統領の再選を促進する工作を行った。

米国の選挙プロセスに対する国民の信頼を損ない、米国の社会的政治的分断を悪化させる作戦を実行した。

ロシアとその代理人は、一貫した方法で米国民の認識に影響を与えるように工作した。バイデン大統領に関する、誤解を招く、根拠のない主張を含む、影響力のあるナラティブ（物語）を、著名な米国の個人をターゲットに提供した。

前回の２０１６年とは異なり、選挙インフラにアクセスしようとするロシアのサイバー攻撃は見られなかった。

③イラン

トランプ前大統領の再選を妨げる多面的な影響工作を実施した。

④中国

中国は米大統領選挙の結果を変えようとする影響工作を検討したが、実施しなかった。中国は米中関係の安定を求め、中国が干渉するリスクを冒すのが有利であるとは考えなかった。対象を絞った経済対策とロビー活動などの伝統的な手段が、米国の中国政策を形作るという目標を達成するのに十分であると評価した。

サイバー担当の国家情報オフィサー（ＮＩＯ）は、中国がトランプ前大統領の再選を困難にするために措置を講じたと評価した。

案の定、ロシアがバイデンの当選をプーチン大統領の指示で積極的に妨害した一方で、中国はアメリカとの安定した関係を優先して特に何もしなかったことになっています。これに憂慮したラトクリフ長官が、あえて個人的に書簡を発表したわけです。

長官の書簡には、中国の干渉がより赤裸々に書かれた報告書はＣＩＡによって握りつぶされそうになったと書いてありましたが、それが中国のパートに出てくる「サイバー担当の国家情報オフィサー（ＮＩＯ）は、中国がトランプ前大統領の再選を困難にするために措置を講じたと評価した」という部分なのでしょう。つまり、サイバー担当分析官は中国がサイバー空間を用いてトランプ再選阻止工作を行ったと明言していたにもかかわらず、この報告書では完全に過小評価されているわけです。

だからこそラトクリフ長官は、中国の脅威が米国の情報機関によって意図的に過小評価されていることを、どうしても在任中に訴えておきたかったのでしょう。

この事実は、中国の浸透工作が既に米国のインテリジェンス機関に達しているか、米国の中枢に中国共産党と連携するグループが存在するか、そのいずれか、または両方を意味しており、極めて由々しき問題です。

バイデン民主党はトランプ政権が欧州同盟国との連携をそこねたことを批判し、多国間主義を唱えました。現に、欧州との関係改善に努力しています。

しかし、この国家情報会議のレポートや、先般のバイデン大統領による「プーチンは殺人者であることに同意」発言から、米政権が「親露・反中」から「反露・反中または密《ひそ》かに親中」に転換したことが伺えます。

これまで、安全保障上の理由から、中国とロシアの結びつきは望ましくなく、この2国間に楔《くさび》を打っておく必要がありました。しかしバイデン民主党は、多国間主義と言いながら、世界をますます危険な状況に誘導しています。

国家情報会議のレポートが、米国の闇の深さを物語っています。この厳しい状況を直視して、日本は、米国との同盟だけに依存する体制から脱却しなくてはなりません。

あなたのナイキシューズは、ウイグル人の血で染められている

今の中国は共産主義ではなく、ファシズムだと指摘する人がいます。かつてヒトラーも経済政策に力を入れました。しかし、中国はこれまで人類が遭遇したことがない、まったく新しいタイプの脅威であり、かつ、最も強力だと考えるのが適切でしょう。なぜ、それほどまでに強力なのか？　それは、徹底した国家統制主義でありながら、利益追求という人間の欲望をとことん刺激し、支配するからです。

20世紀、共産主義の思想に傾倒する人間が世界中にあふれ、大学はマルクス主義に支配されました。当時のソ連や北朝鮮を「この世の楽園」だと信じ、自ら亡命したり、他人をそそのかして日本人の拉致を幇助する人間もいました。しかし、いかに共産主義にイデオロギーとしての魅力があろうとも、それはしょせん、鉄のカーテンの向こう側の世界でした。もちろん、スパイや工作員は入ってきていましたが、基本的には、別世界からの侵入者だったのです。世界は、鉄のカーテンを挟んで分裂し対峙する冷戦の時代でした。東西の交わりは限られたものでした。

一方、現在の中国は共産主義国家ではなく、国家統制型資本主義国家であり、全体主義バージョンの資本主義であると言っても間違いではないでしょう。

かつて「資本主義と全体主義は相容《あいい》れない」と信じられました。資本主義が発展するためには自由主義が前提でなくてはならないと考えられたからです。ところが中国は、レーニン式の全体主義国家運営を維持しながらも、ふたつの方法で全世界を中国に依存させることに成功しました。まず、安価な労働力を使って世界の工場となり、サプライチェーンを支配しました。メイド・イン・チャイナなしでは生活できなくなり、新型コロナのパンデミックに際しては、マスクすら中国でしか作っていないことが分かって慄然《りつぜん》とさせられました。

もうひとつ。中国はその巨大な市場を武器としました。世界中の企業が売り上げ拡大を目指して中国に殺到しました。十分な購買力を持った中国市場の出現は、グッドニュースでしかなかったのです。

2008年アメリカ発のリーマンショックは、まだ成長途上だった中国のおかげで乗りきれたと信じられ、これからは没落するアメリカに代わって中国の時代がやってくるから、中国についていくのが正しいと考えた国も少なくありませんでした。

しかし、中国はただ巨大な購買力を提供しているのではありませんでした。さまざまな規制をかけて外国企業の技術を抜き取り、メイド・イン・チャイナの品質を飛躍的に向上させました。気づけば、中国という遅咲きの大輪の花は、巨大な食虫植物であることが明らかになりました。

しかし、それに気づいても、世界は中国から離れませんでした。「金儲け」が何よりも優先する資本主義国家群は、自らを害すると分かりながらも、中国が吐き続ける毒の蜜を吸い続けるほかなかったのです。つまり中国は、かつてのソ連のように壁の向こう側に存在する異質な存在ではなく、西側資本主義国の体内に深く寄生するエイリアンのように、一体化してしまっていたのです。そのエイリアンを無理に取り除けば母体が死滅するような、依存関係が構築されていました。

やがて、自信をつけた中国は暴走します。新型コロナを発生させ、全世界を混乱におとしいれた中国は、人権弾圧にも躊躇しません。全世界の面前で、香港の民主主義を圧殺しました。ここに至ってやっと、世界は中国の本質に気づきました。ですが、それでも、もはや西側の先進国群は、金儲けが人権に優先するほどに腐敗し堕落しており、既に中国に支配されていたのです。その象徴的な例が、前述した、ハンター・バイデンを通じた徹底的な買収工作でした。

しかし、中国の毒は、既に我々一般庶民の生活にも深く浸透していました。真っ赤なナイキのシューズに憧れる人は、そのおしゃれなシューズがウイグル人の血で染められているとは、想像もしなかったでしょう。気がつけば我々の日常の購買行為が、中国による少数民族の弾圧に加担していたのです。

オーストラリアのシンクタンク、ASPIのレポート「Uyghurs for sale」は衝撃的でした。中国政府によるウイグル族の弾圧は、以前から報じられてはいました。2017年から、過激な宗教を封じるとの名目で100万人以上のウイグル人が再教育施設に収容された、という内容です。我々は、ウイグル人は虜囚の民だという認識でいました。

しかし、ＡＳＰＩのレポートによると、中国政府のウイグル人政策はすでに次のフェーズに移行し、中国政府はすべてのウイグル人が再教育プログラムを卒業したと発表しました。つまり、思想改造は終了したということです。しかし、ウイグル人は代わりに中国全土の工場に送られ、厳しい監視下で強制労働に従事させられているというのです。中には収容所から直接、工場に送られたケースもあるといいます。そして、我々が日常的に目にしている多くの有名企業が、その強制労働を利用しているというのです。我々が購入している有名ブランドが、少数民族の強制労働で作られているということです。

ＡＳＰＩは、中国の９つの省にウイグル人を労働者として使用している工場が27件あることを確認しました。２０１７年から２０１９年の間に、新疆《しんきょう》ウイグル自治区から少なくとも８万人がそれらの工場に移送されました。それらの工場は、世界的に有名なブランド82社の製品製造にたずさわっています。それらのブランドには、アップル、ＢＭＷ、ＧＡＰ《ギャップ》、ナイキ、サムスン、フォルクスワーゲンなどのほか、日立製作所、ジャパンディスプレイ、三菱電機、ミツミ電機、任天堂、パナソニック、ソニー、ＴＤＫ、東芝、ユニクロ、シャープの、日本企業11社が含まれているとのことです。

ウイグル人労働者たちは隔離された寮に住まわされ、労働時間外は中国語（北京語）教育と思想教育を受けています。カメラ等による監視のほか、番人が配置され、行動範囲は制限され、すべての宗教行為は禁止されています。工場での労働を拒否すれば強制収容所に送られる危険が常にあり、地方政府と民間ブローカーには、労働者の獲得にあたって一人当たりいくらという報酬が支払われているといいます。また、新疆ウイグル自治区の労働者の自宅には漢人が派遣され、家族を監視し、人質としています。中国政府は、こうしたウイグル人強制労働プログラムを「職業訓練」と呼んでいるのです。

このASPIレポートは、いくつかのケーススタディを含んでいます。そのひとつが、米国の靴メーカーであるナイキの例です。ナイキは、自社の靴の製造を、韓国企業 Taekwang 社の現地法人である青島《チンタオ》泰光製靴有限公司に委託しています。この、この山東省青島に位置する工場に、2007年以来、60以上のグループに分けられた約9800名のウイグル人が移送されました。そのほとんどが、中国政府が「危険な後進地域」と見なす、ホータンやカシュガル出身の女性だといいます。

ウイグル人労働者は、日中はナイキのシューズ製造に従事し、夜は夜間学校で北京語を学び、中国の国歌を歌い、職業訓練と愛国教育を受けます。そのカリキュラムは基本的に新疆ウイグル自治区の再教育収容所で実施されるものと同じです。夜間学校は「ザクロの種《たね》夜間学校」と命名されています。これは、習近平がスピーチの中で、「すべての民族はザクロの種のように堅く束ねられねばならない」と述べたことに由来するそうです。

2020年1月のワシントンポストの報道によると、これらの労働者は自らの意思で来たのではなく、新疆ウイグル自治区政府によって移送されたのであり、休暇を取って帰宅することも許されていません。ワシントンポストが掲載した写真によれば、工場には監視塔があり、有刺鉄線で覆われた塀で囲まれています。労働者は工場周辺を自由に歩くことができますが、敷地からの出入りは、ゲートに設置されている顔認証カメラで常時監視されています。

この工場では年間700万足以上のナイキのシューズが製造されているといいますから、日本でもかなり流通している可能性があります。この工場はほんの一例ですが、中国政府高官に、模倣拡散すべきモデルと見なされているとのことです。

2018年1月には、ホータンのローカルメディアが、青島の工場で働く130人のウイグル人労働者からホータンの自治体政府に送られた感謝状を掲載しました。そこには、彼女たちが工場に送られる前は貧困にあえいでいたが、今は月額2850元（約4万5400円）を稼ぐことができ、極端な宗教的信条の危険さを学び、美しい生活が待ち受けている、と北京語で書いてありました。

以上から分かるように、海外有名企業は、中国国内のサプライヤーに業務を委託しており、そのサプライヤーが中国政府のスキームに則ってウイグル人労働者を使用している、という構図があります。ASPIはこうした82社に対して、中国政府のスキームを採用しているサプライヤーとの関係を確認しました。そのうち少数の企業が、それらのサプライヤーとの契約を停止したと伝えてきましたが、アディダスとボッシュとパナソニックは、それらのサプライヤーとは直接契約していないと回答してきたといいます。もちろん、さらにその先の下請けサプライチェーンのどこかでウイグル人労働者を使用している可能性は否定できません。

このように、西側自由主義国に住む我々は、中国による呵責なき人権弾圧に眉をひそめながらも、いつのまにか、中国による人権弾圧、少数民族搾取、思想改造というスキームの中に取り込まれてしまっているのです。なぜそんなことが起きるかといえば、冒頭で述べたように、中国は全体主義国家でありながらも、資本主義のメカニズムを採用し、西側資本主義国のシステムに深く入り込んでいるからなのです。

西側諸国は、中国を世界の工場として利用することで廉価で高品質の製品を享受してきました。近年は、中国の労働コストが上昇していると言われてきましたが、その対応策として中国は、少数民族を強制的に労働力として駆り出し、同時に思想改造教育を行っていたのです。我々は、普通に生活しながら少数民族を弾圧し、搾取する、恐ろしい世界に住んでいるのです。その意味で、我々の住む世界は、すでに中国によって支配されていると言えるでしょう。

侵略を後押しする「国内」勢力

さらに、最近は、中国が長年埋め込んでいた日本支配のメカニズムが、いよいよ地表に現れてフル稼働を始めたように思えます。それは、以下のようなことからです。

米国のバイデン政権は、表面的には、予想以上に対中強硬姿勢を取っています。特に、ウイグル人に対するジェノサイド（民族大量虐殺）など人権問題を巡っては、米欧の足並みも揃いつつあり、２０２２年の北京冬季オリンピックをボイコットすべきという声もあがってきています。中国は当然この動きを警戒し、日本を自分たちの側に縛りつけようとします。そのために、これまで温存していた装置を、隠すことなく稼働させているのです。その装置のひとつが公明党です。

最近、自民党と連立を組んでいる公明党の体質がよく分かる出来事がありました。菅総理が「何としても今国会で成立させたい。強い思いを持っている」と強調した「重要土地等調査法案」、いわゆる「土地規制法案」に公明党が難色を示し、閣議決定が見送られてしまったのです。私はこの件で、二重三重にあきれました。

まず、この手の法案の提出があまりにも遅く、かつ、不十分であるということです。北海道ではすでに、ひとつの県に相当する面積の土地が中国資本によって購入されてしまったと言われています。外国資本による土地取得を規制しなくてはならないということは、もう何年も言われてきたことです。

自民党内の保守系の議員たちがこの問題に取り組んできましたが、「自民党の一部や公明党から抵抗を受ける」と言っていました。その結果、議員立法は提出されましたが、党内で承認されることはありませんでした。

今回、政府として似たような法案を出してきたのは、アメリカ政府からの要請があったからかもしれません。しかし、土地規制法案といっても、正式名称が「重要土地等調査法案」であることからも分かる通り、仮にこの法案が通って施行されても、できることは「調査」だけです。

この法案は、自衛隊や海上保安庁などの施設のほか、発電所や空港、貯水施設など、重要インフラの周囲およそ1キロと国境離島を「注視区域」に指定し、土地・建物の所有権者や賃借権者の国籍、住所、氏名、活用状況について調査する権限を国に与えることを規定しています。

さらに、司令部機能のある自衛隊基地など、特に重要な土地は「特別注視区域」に別途指定し、所有権が移転される際は、売り手と買い手の双方に氏名や利用目的の事前届け出を義務づけます。また、規制区域内で妨害電波を流したり、電気、ガス、水道などのインフラに損害を与えたり、「侵入を目的とした地下坑道の掘削」などの行為があれば、利用中止の勧告や命令を出し、従わなければ刑事罰の対象となります（参考：産経新聞など）。

この法案が奇妙なのは、そうした取引を中止させたり、没収したりすることができないということです。実態を調査して、事前届け出を義務づけても、売買が成立してしまえば意味がありません。ではなぜ、このような中途半端な法案になっているのでしょうか？

私は数年前からこの問題について、「なぜさっさと法規制しないのか？」と自民党の国会議員に質問してきました。その答えのひとつが、「日本がある条約を無条件で批准したから」というものでした。

日本は1995年に、GATS条約と呼ばれるWTOの「サービスの貿易に関する一般協定」

を批准しました。この条約は要するに、サービスの提供において、国によって差別してはいけないし、国内の業者と差別してはいけないということを定めています。ここから、外国人が日本国内で土地を取得しようとした場合にも、国籍を理由として規制してはいけないことになります。日本政府はこのような条約に、何の留保もつけずに署名してしまったわけです。

なぜ、そんな間抜けなことをしたのでしょうか？　それは「ウルグアイラウンド交渉の際、同法に基づく留保を行うことは、サービスの自由化を国際社会の中で率先して推進する我が国の立場に鑑《かんが》み、適当ではないとされた」からだそうです。つまり、いい格好をしたかった、ということです。この間違いを正して修正・撤回をするためには、影響を受ける加盟国からの要請に応じ、必要な補償的な調整（代償として他の分野での自由化を約束する等）についての交渉が必要なのだそうです（GATS第21条）。

ここで、素人でも頭に浮かぶ疑問があります。

この条約を中国も韓国も批准しているそうですが、日本人が中国や韓国に行って、自由に土地が買えるでしょうか？　もちろんそんなことはできません。条約は相互に義務を負わなければならないのに、なぜ日本だけ、やりたい放題にさせる必要があるのでしょうか？　中国が自分に都合の悪い国際法は「紙クズ」と呼んで平気で踏みにじることは、周知の事実です。

また、「サービス貿易を自由にする」と言っても、必ず安全保障に係る例外規定があるはずです。安全保障上の重要な土地を自由に買われて良いわけがありません。それは、外国人であっても日本人であっても同じことです。つまり、「外国人だから」規制するのではなく、日本人を含めて、安全保障上の懸念があるから規制すべきなのです。

まったくバカバカしい話ですが、この条約があるから、たとえ土地取引を規制する法律を作っても、裁判になれば負けてしまう、という説明を受けました。だから、今回の土地規制法案も、あからさまな不法行為がない限りは、「調査するだけ」の弱いものになっているのです。

そして、このような不十分な法案にも、難色を示して妨害する政党があります。公明党です。公明党の反対理由は以下の通りです（参考：SankeiBiz など）。

①対象を広げすぎる。
②個人の権利を侵害する恐れがある。
③個人情報が必要以上に収集される。
④国民の自由な経済活動を制約することになる。
⑤不審な違反者に罰則を課しても、土地・建物の所有権は移転してしまう。

要するに「私権の制限」に懸念を表明しているわけですが、緊急事態や安全保障に関して一定の範囲で私権が制限されることは、先進国においても常識です。その常識を理解していない、というよりも、意図的に妨害しているのではないかと疑いたくなります。なぜ公明党は、そんなことをする理由があるのでしょうか？

先にも紹介しましたが、２０２０年7月23日、米国の有力シンクタンクであるＣＳＩＳから「日本における中国の影響」というレポートが出され、その中で公明党は、日本特有の脆弱さの例として記述されています。

①公明党と創価学会は、中国と共に憲法9条を守っている。
②１９６８年には池田大作氏が訪中し、日中国交正常化を推進するスピーチを行った。
③創価大学は１９７５年に日本で初めて中国政府スポンサーの留学生を迎え入れた。
④２０１８年には公明党の山口那津男代表が池田スピーチ50周年記念を祝うために訪中し、池田大作氏は中国人民対外友好協会から表彰されている。

また、自民党の青山繁晴参議院議員は、次のように述べています。

「(外国による土地取得の規制に関して）内部の組織を作ろうとすると『これはやめておいた方がいいよ』と言ってくる。『何のために』と聞くと『選挙のために』。これは自公連立、特に衆議院は小選挙区の多くが公明党創価学会の支援を受けているわけですから、その公明党創価学会の考え方は『中国と土地の関係で事を荒立ててはいけない』なんです。公明党の方にも中国資本の土地のことを聞きましたが『ちょっとそれは』と曖昧《あいまい》にされるんです。特に公明党と深い関係の自由民主党の議員に聞くと『土地の問題をやると小選挙区で公明党の支援がなくなる恐れがあるので、青山さんの邪魔はしないけれど、私がやるわけにはいきません』と言うことをこの2年の間、どれほど聞いたか」（日本文化チャンネル桜、平成30年7月20日「青山繁晴が答えて、答えて、答える！」）

なるほど、公明党が土地規制法案に難癖をつけて反対し、多くの自民党議員がおよび腰な理由がよく分かります。支持率3％程度の政党が、間接的に自民党を支配しているのです。

CSISのレポートが指摘する通り、公明党は日本にとってのリスクであることが明白になりました。公明党と連立を組む限り、自民党は日本の国益を守りきることができず、日本はサイレント・インベージョンに蝕まれ続けることでしょう。

そして、予想通り「外国人による土地取得規制法案」は、公明党の反対によって骨抜きにされてしまいました。その結果、市街地の自衛隊重要施設や原発、海上保安庁施設周辺の土地の取得における事前届け出制が廃止されてしまいました。

さらに公明党は、ウイグル人ジェノサイドに関しても、「証拠がない」と主張して、非難決議にも対中制裁にも反対しています。これに呼応しているのが、日本を代表する企業です。

ユニクロの柳井正《やないただし》会長兼社長は、2021年4月8日の決算会見で「新疆ウイグル自治区から調達した綿花を使用しているか」と聞かれたのに対し、「これは人権問題というよりも政治問題。我々は政治的に中立なんで。これ以上発言すると政治的になりますんで、ノーコメントとさせていただきます」と答えたと報じられました。

こんな発言をしたら、「我々は人権問題に関して、中国を批判する気はありません。我々は商売人ですから、政治には関与しませんし、人権問題も関知しません」と言っているのと同じで、日本人と日本企業のイメージを著《いちじる》しく棄損してしまいます。そんな基本的なことが分からない、というよりも、つい本音で語ってしまったのでしょう。

予想通り、人権問題にうとく、ジェノサイドを面前にしても中国に強く出られない日本というものが、見事に演出されています。そして、その間も、日本中で中国人に土地が買い漁られているのです。

このように、中国によるサイレント・インベージョンが、公明党や大企業のバックアップを受けて、フル稼働しています。日本が墜《お》ちれば、中国に対する包囲網が瓦解してしまいます。この流れを止めるには、国民のマジョリティ（多数派）が覚醒するしかありません。誇張ではなく、世界の未来は一般の日本国民にかかっているのです。

ITプラットフォーム支配とデジタル人民元で世界征服を進める中国

中国の脅威といえば、真っ先に頭に浮かぶのが軍事侵攻です。尖閣諸島の強奪、台湾への侵攻などが、直近の有事として想定されます。台湾は、日本人にとっては外国ですが、台湾が中国に占領されれば大変なことになるのです。中国は、即座に台湾を不沈空母化することで米軍の接近を阻止することに成功し、東シナ海も南シナ海も、中国が支配する海になってしまいます。日本はシーレーンをいつ遮断されるか分からない状況に置かれ、中国の属国化を余儀なくされるでしょう。ですから、中国が台湾に侵攻し、戦争になったら、それは日本にとっても存立危機事態なのです。

しかし、軍事衝突というハードな戦争とは別に、サイレント・インベージョンというソフトな戦争がとっくに始まっているということは、繰り返し述べている通りです。その中に極めて有力な手段として含まれるのが、ITプラットフォームの支配と、デジタル通貨による決済通貨の支配です。

ここで言うプラットフォームとは、GAFA（Google, Apple, Facebook, Amazon）に代表されるように、不特定多数の人が使用するネット上のシステムのことです。中国はこの点を非常によく理解していて、着実に歩を進めてきています。私は、中国は一定の成功を収め、世界はかつての冷戦時代のように2分割されてしまうだろうと予想しています。

まず、ITプラットフォームですが、中国がフェイスブックを禁止しているのは、プラットフォームの威力を理解しているからです。しかし、皮肉なことに、プラットフォームが便利なツールから言論弾圧、思想統制のツールになることを教えてくれたのは、2020年の米大統領選挙でした。ツイッターもフェイスブックもグーグル（ユーチューブ）も、完全にバイデン民主党サイドにつき、バイデン民主党にとって都合の悪い投稿を容赦なく削除したり、アカウントを停止したりしました。あまりの露骨な偏向に世界が驚きました。

トランプ大統領を始め、保守派の人々が、よりマイナーな、「言論統制をしない」ことをポリシーとするプラットフォームに移動しました。そのひとつがパーラーでしたが、なんとアマゾンが自社のサーバーホスティングサービスからパーラーを締め出してしまい、パーラーは機能停止に追い込まれてしまいました。この異常な事態を目《ま》の当たりにして、識者から「ジョージ・オーウェルの『１９８４』が現実化した」と指摘する声があがりました。大統領選後も、コロナワクチンに対する慎重な意見を発信すると、同じような圧力を受けます。

つまり、プラットフォームの支配は、それがアメリカだろうと中国だろうと、極めて危険だということです。中国が独自のプラットフォームを構築して人民を統制しているのは分かっていたことですが、まさかアメリカ企業が、特定のイデオロギーの立場から言論統制をしてくるとは予想もできず、独自のプラットフォームを持たないことの脆弱性を痛感させられました。

中国は自国への米国製プラットフォームの国内侵入を止めながら、We Chat や TikTok といった中国発のアプリケーションを普及させて、西側の膨大な個人情報の取得を行っています。

つい最近では、日本でも幅広く使用されているライン（ＬＩＮＥ）で、中国にいる中国人エンジニアが日本人ユーザーの個人情報にアクセスできる状態であったことが明らかになり、問題となりましたが、もともと韓国由来で韓国にサーバーがあるラインが極めて危険な存在であることは、分かりきっていたことです。それにもかかわらず、日本の中央省庁が行政サービスにラインを使用しようとしたり、自民党がラインを使って選挙に関する勉強会を開こうとしたり、こうした日本人の危機感のなさは、凄《すさ》まじいものがあります。このスキを中国が突いてこないわけがありません。アメリカ発のプラットフォームに対抗して、中国発のプラットフォームとアプリケーションで独自の勢力圏を構築し、それをじわじわと外に向かって拡大していくでしょう。

これと対になってさらに恐ろしいのが、デジタル人民元による通貨支配です。既知の通り、世界においては現在まで米ドルが基軸通貨であり、基軸通貨の支配がアメリカの覇権を支えています。米ドルによる決済を禁止する制裁を加えれば、どんな国も、たちまち窮《きゅう》してしまいます。それは中国も同じことです。

かつて、石油の決済通貨をドルからユーロに変更しようとしたサダム・フセインは殺されてしまいました。また、リビアのカダフィが殺されたのも、アフリカに独自通貨を確立させる計画を持っていたためだという説もあります。そんな中、2049年までにアメリカを退けて世界覇権の掌握を狙う中国が、ドル支配を逃れ、独自の通貨圏の構築を模索しないわけがありません。

そこで登場するのがデジタル人民元です。通常の人民元では信頼度が低く、とても基軸通貨にはなり得ません。しかし、デジタルの世界なら話が違うというわけです。

中国は、ブロックチェーンなどのＩＴ技術を駆使したシステム開発をすでに済ませており、これを使用すれば、従来のＳＷＩＦＴ《スウィフト》と呼ばれる国際銀行間通信協会のシステムを使用するよりも遥かに安く迅速に、海外送金も可能になるという、利便性における圧倒的優位性を持つことができます。

中国は２０１５年の段階で、既にＣＩＰＳ《シップス》（Cross-Border Interbank Payment System）と呼ばれる人民元による国際銀行間決済システムを完成させており、日本のメガバンクも含めた世界中の１０００以上の銀行が既に参加していると言われています。今後は、このシステムにデジタル人民元を乗せていけばいいわけです。中国国内では、すでに地域を限定した実験を行っており、デジタル人民元が流通するようになるのは時間の問題です。

ここで恐ろしいのは、中国国内では通常の通貨が禁止されて、デジタル人民元だけの流通になる可能性が高いことです。そうなれば、誰が、どこで、いくら、何のために使ったかまで、すべて当局に把握されることになります。

中国ではすでに個人のデジタル管理が徹底しており、ＩＤがないと何もできません。個人情報は徹底的に当局に把握され、それぞれの素行に応じて、ひとりひとりにクレジット点（信用スコア）がつけられています。そこからさらに、それぞれの個人に何が買えて何が買えないかまで、制御されることになるのです。

また、あらゆる場面で顔認識がＩＤ代わりになるばかりか、表情から感情を分析してデータを蓄積するという、恐るべきデジタル徹底管理社会になっています。しかし、中国人民はそのことにさして抵抗は感じておらず、むしろ、犯罪防止に役立つと歓迎する向きもあるそうです。

今後、中国はITプラットフォームと通貨決済プラットフォームを駆使して、自分たちがコントロールする世界を国境を越えて広げようとするでしょう。そのターゲットとなるのが、一帯一路で債務の罠《わな》にはまっている国々です。さらに、RCEP《アールセップ》（地域的な包括的経済連携）などの枠組みで、中国に依存を深める国もその対象となるでしょう。

安倍総理退陣の直後に合意されたRCEPは、本来インドも入れて中国への牽制とする計画でしたが、インドは中国からの悪影響を懸念して参加を見送ってしまいました。

トランプ政権が中国とのデカップリング（decoupling：切り離し）を進めている最中に、わざわざ中国の影響力拡大を推進する愚かな施策ですが、政府関係者の言い分は、「どうせ放っておいても中国がASEAN《アセアン》（東南アジア諸国連合）と始めてしまうから、むしろ日本が積極的に関与して制御した方が得策だ」というものです。今の日本政府に、中国を制御する能力や意思があるとは、私には思えませんが。

結果として、アフリカとアジアに、中国が情報と通貨の両面からデジタルプラットフォームで支配する国と地域が発生することになるでしょう。ヨーロッパでも、バルト三国のような国々や、ギリシャやスペインなどは支配されてしまうかもしれません。冷戦が復活し、世界が二分される時代が再び到来するでしょう。しかし、今度は「共産主義陣営」対「資本主義陣営」というよりも、「国家統制型資本主義陣営」対「自由民主主義型資本主義陣営」の対立という構図になります。

ソ連を中心とする、かつての共産主義陣営は経済が弱点となりましたが、中国が率いる国家統制型資本主義陣営は、第4次産業革命を踏まえた高度なIT・デジタル技術を駆使した巨大経済圏となりますから、切り離しが難しく、極めて厄介《やっかい》な相手となります。

この脅威から逃れるには、距離を置いてデカップリングをするしかないのですが、はたして日本にそれができるでしょうか？　地理的に中国に隣接する日本は、すでに相当な浸透工作を受けており、国内の戦略的に重要な土地が中国資本に買収されても、それを止める法律すら公明党に反対されて作れないありさまです。日米同盟を強化するだけでは対応しきれません。自発的、自律的に独自のプラットフォームとデジタル通貨を構築しながら、自由民主主義国陣営との連携を深めて戦略的に行動しなければ、中国の属国化を余儀なくされるでしょう。まさに、日本は戦後最大の正念場を迎えているのです。

トランプ大統領が戦った「アメリカを変質させた真犯人」とは？

これまでのところ、バイデン政権は表面的には、対中強硬姿勢を取り続けているように見えます。それ自体は当然のことです。いきなり対中融和に転じたら猛反発を食らうことが分かりきっているからです。一応アメリカでは、超党派で中国を最大の脅威と見なすことでコンセンサスが取れています。なぜ、そう言えるのでしょうか？

2020年9月、アメリカ下院諜報活動常任委員会で、「中華人民共和国の諜報能力に関する報告書」と題する報告書が発行されました。そこには、アメリカが中国の実態を完全に見誤っていたこと、いかに中国が戦後最大の脅威であるかの、詳細な説明が書かれていました。

アメリカ議会の委員会は、日本の国会の委員会とは違って非常にパワフルで、このような報告書が国政に直接影響します。委員会は超党派の議員で構成されていますから、このようなレポートが委員会名で発行されるということは、中国の脅威への認識もまた超党派ということです。まず、それがベースにあります。

しかし問題は、私がたびたび指摘しているように、バイデン政権には実行力がなく、口だけで終わってしまうのではないかという危惧です。その根拠はたくさんあります。

世界が、中国の人権侵害や国家乗っ取りなどの凶暴性を知っていながら、なぜ中国との関係を切れずに、むざむざサイレント・インベージョンの餌食になっていくのかについて、私は「経済的非分離性」という言葉を使って説明を試みました。

たとえば、オーストラリアでは今（日本もそうですが）家電量販店の売り上げが急激に伸びています。コロナによる国民総「巣ごもり」で、IT関連や家電のアップグレードをする人が増えたわけです。しかし、多くの電化製品は中国製ですから、結果としてオーストラリアの中国からの輸入が増えてしまいました。一方、生産量を上げなくてはならなくなった中国は、オーストラリアからの資源輸入を増やさなくてはならなくなります。

このような経済的な非分離性が存在するために、なかなか政治的な判断だけで切り離す（デカップリングする）ことが困難なのです。そうこうしている間に、サイレント・インベージョンが引き返しようのないところまで進んでしまいます。

一方、もっと明確な説明をしている学者がいました。テキサスA&M大学のフィリップ・ボビットという地政学者が、2002年に『アキレスの盾《たて》（The Shield of Achilles）』という本を出版しました。この本の中で、ボビット教授は「市場国家」という言葉を、従来の「主権国家」に代わる概念として提起しました。

たとえば、アメリカという国は、大統領がいて、議会があって、政府が統治している独立国であり、主権国家のはずです。ところが、実際には国家の意思決定をつかさどっているのは大企業や市場アナリストであり、国家は大企業の意向に沿うように意思決定をしているに過ぎないというのです。そのような国家は、もはや旧来の主権国家ではなく、常に市場を求めて活動する「市場国家」に変質してしまっています。

考えてみれば、最も市場国家的な国がアメリカです。クリントン政権が中国をWTOに加える決定をしたのは、アメリカ企業が中国市場への参入を強く望んだからでした。アメリカの大企業、特にウォール街にとって、中国は儲かる場所（市場）でした。アメリカ政府は、それら大企業の便宜を図るためだけの機構に成り下がってしまったというわけです。もちろん、一般国民は、蚊帳《かや》の外です。

これを簡単に言い換えれば、市場国家とはつまり、グローバリストに乗っ取られてしまった国家だということでしょう。私も働いた経験があるのでよく分かりますが、いわゆるグローバル企業にとって、国益や国家主権は関係ありません。むしろ、国家や国境は邪魔なのであって、グローバル企業は、世界を市場としか見ません。最もコストが低いところで生産し、可能な限り高く売って、利益はタックスヘイブンに持って行って税金は払わない。超合理主義者なのです。

そして、グローバル企業と言えば、圧倒的にアメリカ企業です。古くは国際石油資本、国際金融資本、さらに近年ではGAFAに象徴される巨大IT企業です。それらの企業群が実質的にアメリカという国を支配するに至ったのです。

ですから、中国人民大学の翟東昇教授がバラしてしまったように、中国がウォール街を経由してアメリカ政府に影響力を行使していたというのは、極めて現実的で合理的な方法だったわけです。そして、それを押し返して、アメリカを本来の主権国家に戻そうとしたのがトランプ政権でした。

翟東昇教授が言うように、トランプ政権の4年間は、中国がアメリカ政府に対するコントロールを失った4年間でした。トランプは不動産王のビジネスマンでありながら、ウォール街との関係が希薄でした。だからこそ、グローバリストの力を抑えてアメリカを元に姿に戻すことができたのです。しかし、それゆえにトランプはグローバリストから凄まじい攻撃を受け続け、アメリカ国民の高い支持を受けながらも、ホワイトハウスを明け渡さざるを得ませんでした。

バイデンの民主党政権は、また、がっちりとグローバル企業に支配されるでしょう。今回の大統領選挙ではっきりした、IT企業の露骨で一方的な民主党支持や、フェイスブックのCEOザッカーバーグ氏の選挙関連民間団体への莫大な資金援助がそれを明示しています。

そして、それらグローバリストは、中国共産党が大好きなのです。極左全体主義的な性質が、ぴったり合致するからです。

ですからバイデン政権は、超党派のコンセンサスに従って対中強硬姿勢を見せはするものの、中国共産党と手を組むグローバリスト連合軍に挟撃される宿命にあります。

そして、もうひとつ、アメリカにはのっぴきならない敵が国内に存在します。それは「不法移民」です。

バイデン民主党が狙う、不法移民による国家変容

2021年2月下旬に開催された米国保守派のイベントCPAC（Conservative Political Action Conference）に姿を現したトランプ前大統領は、久々にトランプ節を披露しました。冒頭から、我々の敵は共産主義であると明言し、南部国境沿いに建設した壁の建設を中止し、トランプ政権が進めた移民政策を根底からくつがえそうとしているバイデン政権について時間

をかけて非難しました。

そもそも、なぜ民主党は難民や不法移民を国内に入れたがるのでしょうか？　人権を重視するからでしょうか？　そんな甘いものではなく、彼らには目論見があります。それを考える上で、非常に参考になる例があります。それは、現在リベラル王国となっているカリフォルニア州も、かつてロナルド・レーガンが州知事だった時代は、保守的な州であったという事実です。今では想像もできませんが、いったい何が変わったのでしょうか？

人口構成が変わったのです。移民が増え、シリコンバレーで巨大ＩＴ企業が生まれ、さらに移民が増えました。州というのはミニ国家なわけですが、移民が増えることによって、いともたやすく変容してしまうものなのです。

ということは、現在保守的な土地柄のテキサスも、人口構成が変われば、リベラルな地域に変容してしまう可能性があるわけです。これが全米に広がったらどうなるでしょうか？　アメリカ合衆国という国が変容してしまいます。そして、移民たちが自分たちを受け入れてくれた民主党を支持すれば、対する共和党は永遠に政権を取れなくなってしまいます。これがバイデン民主党の狙いです。

しかし、このような移民政策は民主党にベネフィット（利益）をもたらす以上に、アメリカに甚大な損害をもたらすでしょう。その危険を、『米中もし戦わば』（文藝春秋）の著者であるピーター・ナバロ氏がレポートしています。その恐るべき内容を簡潔に解説します。

・２０１９年に、南部国境を通過する同伴者のいない未成年者は７万６千人を超えた。そのうち、女性は３分の１以下である。
・こうした移動者の70％が、なんらかの暴力にさらされる可能性が高い。特に、成人女性の半数以上が「支援と引き換えに強姦」を受ける可能性がある。
・国境を越える不法滞在外国人の90％以上が、「コヨーテ」という密輸業者やガイドにお金を払って国境を越えている。「コヨーテ」は、長旅に耐えられない者は砂漠に放置し、麻薬の密輸を目的として、典型的なルートよりも、より危険なルートを使用する。
・２０１８年度に米国から放逐された不法滞在者のうち44％が、軽微でない前科を持っていた（ドラッグ・凶器による事件・性犯罪・暴行罪・傷害罪）。
・２０１９年度の不法滞在外国人のうち、メキシコと、北の三角地帯（Northern Triangle）と呼ばれるエルサルバドル・ホンジュラス・グアテマラからの流入が91％を占めている。
・メキシコと北の三角地帯から流入する不法移民の約60％が高等教育を受けておらず、約80％の人が英語を話せない。
・アメリカに不法に入国する人々には、４つの動機がある。
①自国よりも、より良い仕事と、より高い賃金にありつける可能性がある。
②アメリカの教育・医療・福祉・その他の社会サービスを受けることができる。

③麻薬の売買と人身売買のチャンスがある。
④難民や合法的な移民を装うことができる。

このような理由で、いったんアメリカに入国してから難民申請をする人が後を絶ちません。本来、難民申請は「人種・宗教・国籍・特定の社会集団の一員・政治的意見」に起因する「迫害」に該当していないといけないのですが、2019年には、難民申請件数が21万3千件を超えるまでに急上昇しました。これは、2015年の「ドリー・ジー判事による判決」が引き金となっています。

オバマ大統領が任命したドリー・ジー判事は、1995年に「国土安全保障省（DHS）は、不法滞在外国人について、子供だけではなく、20日以内に家族単位全体を解放しなければならない」という判決を出しました。これにより、独身の大人が、家族ではない子供を利用するケースが増えてしまいました。

国土安全保障省の最近の調査によると、大人の不法滞在者と一緒に旅をしている子供のうち、15％は親子関係がないということです。

そしてさらに、「アンカー・ベイビー」と呼ばれる深刻な問題が存在します。たとえ不法滞在者の子供でも、アメリカで生まれてしまえば、アンカー（錨《いかり》）としてアメリカ市民権を得ることができることによって生じる問題です。

驚くべきことに、妊娠中でまだ子供が生まれていないケースでも、子供がアメリカ市民として生まれてくる前提で、不法滞在外国人の母親は、日常的に出産前ケアを受けることができるとのことです。したがって、とにかくアメリカに潜《もぐ》り込んで妊娠してしまえばいいわけです。このように、アメリカ移住のためにアンカーとして使われる赤ちゃんが、現時点で400万人以上も存在すると言われています。

このように、移民問題は国の在り方に重大な影響を与えるので、トランプは相当なエネルギーをつぎ込んでこの問題に取り組み、巨大な壁の建設まで行ったのでした。しかしバイデンは、その努力をすべて打ち消し、大量の不法移民を国内に呼び込もうとしています。

このような危険で無責任なバイデン民主党の動きに対して、テキサス州は単体での対抗を試みています。2021年3月7日、アボット知事はテキサス州公安局や州兵を総動員して、国境を守り、州民の安全と命を守るための「ローンスター作戦」を発動しました（ローンスターはテキサス州の州旗）。さらに、テキサス州下院のブライアン・スレイトン議員は、バイデン政権が中止した壁の建設をテキサス州が引き継いで完成させる法案を議会に提出しました。

フォックス・ニュースによると、現在も毎日700人から1000人が国境を越えてアメリカ国内に侵入しており、最年少は4歳から、単独の未成年が多く含まれているとのことです。

このように、アメリカを破壊して変容させようとする勢力と、伝統的価値観と法と秩序を守ろうとする勢力が対立するという、深刻な分裂状態におちいっているのが現在のアメリカです。

移民が国家を破壊し変容させる強力な兵器となることを、日本人も忘れてはいけません。そして、このような内患に蝕まれるアメリカに、中国と対峙して東アジアを守りきる力があるかどうか、常に自問自答しなくてはならないのです。

ポストコロナに進化する中国の新型サイレント・インベージョンの脅威に備えよ！

先にも少し触れましたが、翟東昇という人物は、実にありがたい存在です。中国人民大学国際関係学院教授・副学院長、中国共産党外交戦略研究センター副センター長の肩書を持ち、貴重な情報を提供してくれます。

ことの発端は２０２０年11月にフォックス・ニュースのタッカー・カールソン氏が紹介した動画でした。翟東昇氏は動画の中のスピーチで、１９９２年から２０１６年までの間、米国では共産党の高官とウォール街の間に強いコネクションがあったから、ウォール街のアメリカ政府への強い影響力を利用して、米中のあらゆる危機を２カ月以内に解決することができた、と暴露したのでした。

中国とウォール街の強い結びつきは、『サイレント・インベージョン』の著者、クライブ・ハミルトン教授を始め、多くの人が指摘していたことでしたが、改めて中国人に言われると、「やっぱりそうだったのか！」という衝撃が走りました。翟東昇氏が口を滑らせたのか、意図的に秘密を暴露したのか、それは分かりませんが、どうやら彼は、正直に話すことに躊躇しない性格のようです。

その翟東昇氏が今度は、ポストコロナの時代をにらんで、一帯一路をどう進化させるべきかについて、個人的な見解を述べる動画を公表しました。ユーチューバーのHARANO TIMESさんが、日本語字幕のついたものをアップしてくれました。あくまでも翟東昇氏の個人的な提言という体裁ですが、今後の中国の戦略を予測する上で、極めて重要な示唆を与えてくれていると思います。

中国共産党は間違いなく、この翟東昇氏の提言を参考にするでしょう。彼らの観点から見ても、極めて理にかなっているからです。それはまさに、これまでの経験と反省に鑑みてバージョンアップされた、一帯一路という名のサイレント・インベージョンの手法です。

以下に、翟東昇氏の提言をまとめてみましょう。

- 新型コロナパンデミックを経て、2013年からスタートした一帯一路を変革し、バージョンアップすべき。
- 世界は中心の国家と外部の国々とに分かれている。中心の国家は、外部の国々から資源を吸い取り、搾取もするが、イノベーションを起こして世界を豊かにする役割を担う。
- 中心国が役割を担えなくなれば、交代する必要性がある。

・1971年に金本位制が廃止されて以来、世界は、基軸通貨ドルを発行するアメリカの夢（アメリカンドリーム）に加わって、アメリカが作り出すバブルの中で生きてきた。
・アメリカの夢は終わりつつあり、アメリカと相互に依存しながら発展することは望めなくなってきている。そこで、これからは中国が中心国になり、中国が人民元を基軸通貨とする巨大マーケットを構築する。
・経済における主たるプレーヤーは企業と個人だと思われがちだが、実は重要なのは、政府がくまなく公共サービスを提供することだ。つまり、国によるコントロールだ。
・一国の経済発展のために最も重要なのは人である。人は生産するだけでなく、消費し、イノベーションを起こす。さらに、経済発展のために必要なのは、貿易可能品を生産することで、輸出して周囲から富を引き入れることである。
・外部と見なされる国々には50億人の貧しい人々がおり、若い労働者が過剰に存在する。
・それらの国の王族は、かなりの資産を持っているが、先進国において金利を受け取るだけで、国内に投資しない。投資が成功しないことを知っているからだ。
・したがって、それらの国々に資本と技術を投下して現地人にやらせても、失敗するだけである。特に製造業は向かない。その理由は、それらの国々には強い政府と行政サービスが存在しないからだ。
・強い政府とは、独裁的な指導者と暴力装置を持つ政府という意味ではない。強い政府は、宗教、家庭、非政府組織、メディア、世論の隅々に至るまでコントロールできるメカニズムを持っている政府だ。中国が周辺諸国に輸出すべきは、その統治のメカニズムだ。

•ターゲットは分散せず、絞って集中すべきだ。ターゲット国にインフラを建設するだけではなく、貿易可能品を生産できるように指導することが重要だ。

•そのために、ターゲット国の政府と交渉して、その国の中に特区を設置する。特区の主権はターゲット国が有するが、実際の統制権は、中国とターゲット国で構成する合同政府が保持する。

•その特区では中国式のコントロールメカニズムを導入して管理を徹底し、産業育成の手助けをし、人々を豊かにして中国製品が買えるようにする。

•1千万人の人口を持つ特区を設置した場合、中国人の人口は100万人を超えてはならない。

•あとの900万人は、例えば、300万人のパキスタン人、300万人のインド人、残りは300万人のエジプトやイエメンからの移民と想定する。

•文化的多様性は必ず対立の原因となり、アメリカを含む西欧の多文化主義は失敗しているので、特区は中国文化と中国語で統一する。

•ターゲット国を中国からの移民で圧倒するのではなく、統治メカニズムの導入を行う。2080年代までに、中国的統治メカニズムを持ち、経済的に繁栄する1千万人特別区が100カ所ぐらいできるかもしれない。

•それらの特区の住民は、多様な肌の色を持ち、カレー味のライスを食べているかもしれないが、流暢《りゅうちょう》な中国語を話し、中国文化を基軸文化とするニュー・チャイニーズとなる。中国国内には従来の10億人の中国人が住み、その外側には10億人のニュー・チャイニーズが住む。世界の新生児の20％は中国人となる。

だいたいこんな感じですが、非常に中国的で興味深いと思います。ここに至って、「一帯一路」と「サイレント・インベージョン」は同義語として扱ってよいでしょう。

中国はオーストラリアを脆弱な国と見て、サイレント・インベージョンの実験場にしたわけですが、完成間際のところで計画が暴露され、反発されて頓挫してしまいました。そこで今後は、御しやすい発展途上国にターゲットを絞って集中的に工作することが予想されます。

しかしその際も、中国人の人口で圧倒するのではなく、合法的にターゲット国と特区を作り、そこに中国式統治メカニズムを導入し、現地の余剰な若年労働力を活用して経済発展させ、中国製品が買えるような十分に豊かな層を作り出せば、世界経済が中国を中心に拡大する、という目論見です。

面白いのは、他国への影響力を行使したいと考えながらも、他民族と交わりたくないと思っていることです。これまで、アメリカ、オーストラリア、カナダなど、多民族主義を国是とする移民国家の寛容さを散々利用してきたくせに、自分たちは、本音では中国人だけで暮らしたいと思っているのです。また、各国が抱える複雑な政治事情にも関わりたくないのです。だから、国そのものを支配するよりも、特区と呼ぶ都市を支配する方が合理的だと考えるわけです。

中国共産党が翟東昇氏の提案を採用した場合、かなりの成功を収めるのではないかと思います。なぜならば、翟東昇氏が輸出すべきだとする中国の統治メカニズムは、極めてパワフルだからです。なぜパワフルかというと、第4次産業革命と呼ばれる革新的テクノロジーを、人権やプライバシー無視の統治手段として駆使するからです。

今後、アフリカ、アジア、南アメリカ、東ヨーロッパなどの国々で、完全に中国にコントロールされる大都市が出現する可能性は低くありません。それらの都市は、中国独自の北斗システム（GPS）、5Gネットワーク、監視カメラとAIによる徹底管理とデジタル人民元によって、中国の支配下となるでしょう。また、弱小国家であれば、国ごと支配下に置かれてしまうこともあるでしょう。

しかし、翟東昇氏が見落としている、あるいは意図的に触れていない盲点がふたつあります。翟東昇氏は、あくまでも平和的な手法を念頭に置いています。特区もターゲット国政府との合法的な合意に基づいて設置するとしています。それなのに、翟東昇氏は文化的な多様性は認めず、中国語と中国文化で統一すると言っています。これは反発を招き、結局は香港やウイグル人に対して行ったような言論思想統制をやらざるを得なくなり、ジェノサイドをも引き起こしてしまう可能性があるのです。

中国専門家の遠藤誉さんが、非常に興味深いことを言っています。習近平の父親の習仲勲は、毛沢東に重用されたものの、鄧小平に破滅させられてしまったのですが、実はその習仲勲は、言論の自由と少数民族保護を信念としていたというのです。父親を敬愛する習近平は、それを踏襲すべきなのですが、正反対のことをやっています。どんなに父親を尊敬していても、そうしなければ共産党の一党独裁を維持できないのだということを、自ら証明しているというわけです（月刊『Hanada』令和3年5月若葉号）。

したがって、翟東昇氏が考えるような平和的な異民族支配は、必ず人権無視の弾圧に繋がってしまうのです。それでも、中国に統治されてしまう国や地域が現れることは、避けられそうもありません。現に、国連加盟国中の自由民主主義国家は、実は少数派なのです。

もうひとつ、翟東昇氏があえて想定していないのは、中国経済の債務超過による崩壊です。これが現実のものとなれば、他国支配を目論む余裕がなくなります。しかし我々は、こうした中国の内部崩壊を期待して、無策で過ごすべきではありません。逆に、常に最悪のシナリオを想定しなくてはなりません。

日本地図の上に、中国日本省とか、倭人自治区などと書かれている地図が、しばしば話題にのぼりますが、翟東昇氏の戦略によれば、まず地方都市が、中国の支配下に置かれることになるでしょう。いわゆる「スマートシティ構想」に中国の技術を導入したりすれば、極めて危険な状況におちいるのは明らかです。いまだに中国に対する警戒心の希薄な地方都市が、自ら望んで中国の特区構想にのめり込んでしまう危険性が常にあるのです。親中左翼思想の首長を戴く都市が、特に危ないでしょう。

極めて憂慮すべき状況ですが、ひとつだけいいことがあります。それは、翟東昇氏が丁寧に中国の「次の一手」を教えてくれることです。無料でコンサルタントをやってくれているようなものです。日本政府は翟東昇氏の発言を参考にして、対策を講じるのがいいでしょう。

北海道・沖縄だけではない、狙われる富士山麓・山中湖周辺の怪

国政レベルで公明党が日本の安全保障強化を阻止する一方で、地方からは、二階派議員による不可解な行動が報告されています。

北海道の土地が中国人に買い荒らされていることは、よく知られています。それは「原野商法」などという言葉だけで説明がつくものではありません。また、沖縄が中国に狙われ、さまざまな分断工作を受けていることも明らかです。しかし、その他の地域も、静かに攻略されていることを見逃してはなりません。

富士五湖のひとつ、山中湖は、中国人に人気の観光スポットです。中国から静岡空港に入り、アウトレットで買い物を楽しみ、富士山を堪能して東京へ移動し、帰国するというのが、ゴールデンルートになっています。それにつれて山中湖周辺への外国人流入も多くなり、２０１９年12月31日時点の住民基本台帳によると、山中湖村の住民５８１７人中、２４２人が外国人に

なっています。その後も、さらに増加していることが予想されます。また、湖畔にある300人程度を収容可能な宿泊施設5軒が、すでに中国人に買収されているといいます。
そんな状況下で、近所に引っ越してくる中国人に恐怖を感じる住民が増えているのです。その例のひとつを以下に挙げます。

山中湖畔の別荘を現金で購入した中国人が、ひとりで紙袋ふたつだけを下げて引っ越してきた。10日間ほどの内装工事だけで、家の外観に変化はなく、ほとんど外出しない。週に2～3回、中国人と思《おぼ》しき来訪者があり、数人で隊列を組み、膝を90度振り上げて行進しているのが目撃された。住民と目が合うと、いきなり普通の歩き方になる。その住民は、日常の会話を盗聴されていると疑う理由があり、恐怖心を抱いて生活している。

このような静かな浸透がある一方で、自民党二階派の長崎幸太郎山梨県知事が、地元の富士急行株式会社（富士急）と全面対決しています。それがまた不可解なのです。
富士急は、昭和初期より山梨県から県有地を借り受け、鉄道事業や観光業を展開してきました。富士急が管理する県有地は440ヘクタールで、そのうちの370ヘクタールが別荘地として造成されています。山梨県は2017年にはその370ヘクタールを20年間貸し出し、賃料を3年ごとに更新する契約を富士急と締結しました。

ところが同年に、南アルプス市に住む男性が突然、賃料が不当に安いので、歴代知事に正当な賃料との差額を払わせろという訴訟を県に対して起こしました。この男性は長崎氏の支援者であることが地元メディアで報道されています。

当時の後藤斎《ひとし》知事は、地代は適正として、争う姿勢を見せましたが、その後藤知事を破った長崎知事は一転して原告の主張を支持。なんと、歴代知事の判断に瑕疵《かし》があり、契約は無効で、賃料改定交渉には応じられないが、6倍の値上げに応じるなら考えると一方的に富士急に通告したのです。さらに、別荘オーナーに直接連絡を取るから、オーナーのリストを提出しろとまで要求しました。

これには富士急側も驚嘆しました。山梨県と富士急の間には正式に結ばれた契約が存在しており、仮に過去の知事の判断に誤りがあったとしても、それはあくまでも県側の問題です。自分たちの問題を理由に一方的に契約無効を宣言するとは、にわかに信じがたい行為です。さらに、こうした県の方針転換に関しては、会議録も決裁文書もなく、たった3枚のメモしか存在しないことが発覚して、議会で追及されました。

また、県は過去の土地貸付事務の検証を弁護士事務所に委託したのですが、たった3カ月弱の調査に6600万円が総務管理費から支払われていました。総務管理費は総額で議決されており、予算項目としては出てこず、報告もなかったため、県議会の特別委員会で追及されなければ発覚しなかった可能性が高いと言われています。

地元住民の間では、このような長崎知事の行為は、富士急から土地を取り上げ、その土地を中国人に引き渡すためのものではないかという憶測と不安が広がっています。

長崎氏が中国に熱心なのは事実で、毎年中国大使と面談しており、中国大使館ホームページには、2021年3月25日付で長崎知事の発言が記載されています。

「山梨県は中国四川省などとの友好関係を発展させることを重視し、コロナ感染の影響を克服し、中国側と経済貿易、人的文化、青少年などの分野における友好交流と協力を早期再開し、両国国民の相互理解と友好感情を増進することを切望している。山梨県は独自開発した『やまなしグリーン・ゾーン認証制度』を活用し、感染症対策を強化し（中略）中国観光客の訪問を受け入れるための準備を整えている。（中略）中国大使館との交流協力を繰り広げ、山梨の振興と発展を促進したい」

このような中、地元で噂になっているのが、「徐福村構想」です。徐福とは2200年ほど前に秦の始皇帝に仕えたとされる人物です。秦の始皇帝に「東方の三神山に長生不老の霊薬がある」と具申し、始皇帝の命を受け、3千人の若い男女と多くの技術者を従え、財宝と財産、五穀の種を持って東方に船出したものの三神山に辿り着くことはできず、代わりに広い平野と湿地を得て王となり、秦には戻らなかったとの記述が、司馬遷の『史記』にあるそうです。

徐福が得た「広い平野と湿地」が日本で、徐福が持ち込んだ種が稲作伝来の起源だとする説があり、徐福ゆかりの地が日本中に複数あります。中でも、徐福が上陸したという伝説がある佐賀県には、さまざまな技術をもたらした徐福を神として祀《まつ》る金立《きんりゅう》神社があります。そして、不老不死の仙薬を求めて北上した徐福一行は富士山に入り、地元の人々に機織《はた》りや養蚕《ようさん》の技術を伝えたという伝説も残っています。徐福は結局、不老不死の仙薬を見つけることは叶《かな》わず、富士山麓で70年の生涯の幕を閉じたと信じられています。

地元では、この徐福伝説に目をつけ、山中湖畔に徐福伝説に基づく徐福村を作り、中国人を呼び込む計画があるといいます。サイレント・インベージョンを警戒するどころか、もろ手を挙げて中国人を呼び込もうとしているわけです。もしかすると、すでに中国大使館と協議しているかもしれません。

このように、公明党が国政レベルで外国人による土地取得規制を妨害する一方で、沖縄や北海道のみならず、日本の中心と言える富士山麓で奇妙なことが進行しているのです。県有地を借り上げているのは富士急だけではないはずで、長崎知事が富士急を狙い撃ちにしていると思われても仕方がない強引さです。そして、二階派の長崎知事が県の経済発展に中国を利用しようとしていることは間違いありません。

このように、北海道や沖縄以外の地域においても、中国が深く浸透してこようとしています。山梨県の人々は、2200年前の徐福の平和的な訪問と、現代の中国共産党によるサイレント・インベージョンの区別がつかず、静かなる侵略を歓喜で迎え入れてしまうのでしょうか。そうであれば、山梨県のみならず、日本国にとっても、悲惨な結末が待っているでしょう。

『鬼滅の刃』で理解する中国の脅威

日本の映画興行収入の記録を塗り替えた話題のアニメ映画『劇場版「鬼滅《きめつ》の刃《やいば》」無限列車編』を観てきました。実は『鬼滅の刃』という漫画を全く知らず、今回初めて、先入観ゼロで観たのですが、ここにいたる前段を知らなかったので、後でチェックしました。全然、子供向けじゃなかったんですね。明治大正期を背景に、人間を食う鬼と戦う剣士たちの戦いを描く物語ですが、今回登場する鬼を見ていて、中国共産党をモチーフにしたのかと思いました。その理由を説明します。

「下弦の壱」である眠り鬼があやつる魘夢《えんむ》の術にかかった主人公の炭治郎《たんじろう》らは眠りにおち、夢の中に幽閉されてしまいます。炭治郎は夢の中で、鬼に殺害された自分の家族に再会し、楽しい時間を過ごします。そして、「ここにずっといたい！」と思ってしまいます。その間に、眠り鬼に洗脳された人間たちが、炭治郎らの精神の核を破壊しようと試みます。精神の核を破壊された人間は廃人となってしまいます。危機一髪、炭治郎は、夢の中で自害すれば夢から覚めることを悟ります。

車両に現れた下等な鬼たちは鬼殺隊の柱である煉獄《れんごく》によって倒されますが、いつのまにか眠り鬼は列車全体と自分の体を同化させ、200人の乗客をじっくり食べようと目論んでいたのでした。煉獄に鬼の急所である首を探すように命じられた炭治郎とその仲間は必死に戦いながら、先頭車両にあった鬼の首を切断しようとしますが、何度も魘夢の術をかけられ、夢の世界に送られてしまいます。そのたびに炭治郎は自害することで夢から覚醒し、戦い続けます。

さて、このくだりは、まさに中国共産党との闘いを暗示しています。

なぜ中国のサイレント・インベージョンはかくも強力なのでしょうか？　それは、人に夢を見せるからです。

「中国とビジネスすれば豊かになれるよ……」

「もうアメリカの言いなりになる必要はないよ……」

「人権なんて共産党に預けて、何も考えずに生きれば楽だよ……」

こんなささやきにそそのかされて、目の前で少数民族が弾圧され、香港の民主主義が壊滅しているのに、中国とのビジネスばかり考えている政治家や財界人は、魘夢の術にかかったままの人たちです。特に政権中枢にいる親中派の人々は、一般国民の精神の核を破壊しようとしているかのようです。

そして、無限列車は一帯一路を表しています。大勢の人を乗せたまま、よりよい未来へと向かっているふりをして、実は列車全体が鬼と同化しており、大勢の乗客は捕食されてしまう運命にあるのです。

オーストラリアも魘夢の術にかかり、あやうく無限列車に乗せられて捕食されるところでした。しかし、危ないところで覚醒しました。なぜでしょうか？　炭治郎のように夢の中で自決したのでしょうか？　違います。彼らは次のように考えたのです。

「たとえ貧しくなっても、国家の主権は守らなきゃならない。国家主権が一番大事だからだ」

そう腹を決めた瞬間、魘夢の術が解けて現実に戻ることができました。

日本はどうでしょうか？

財界人は中国市場が大事だと言い、菅首相はどんなに領海を荒らされても中国との安定した関係を築きたいと、念仏のように唱えています。自民党の二階幹事長は中国から観光客を呼び込みたくて仕方ありません。

日本は夢から覚めることなく、このまま捕食されてしまう運命なのかもしれません。『鬼滅の刃』は、そんな日本の現状と未来を見事に反映している作品だと思います。

経済一本やりで生きてきた日本人が直面する「経済安全保障」の戦い

日本が総力を尽くして戦った太平洋戦争（大東亜戦争）は、日本の徹底的な敗北で幕を閉じました。敗戦後、しばらく打ちひしがれていた国民は、新たな「日本の生き筋」を見出します。

「日本は戦争に負けたが、これからは経済で勝負だ！」

文字通り国民が一丸となって、経済復興に取り組みます。この、「経済に集中して生きる」

という発想は、「吉田ドクトリン」と呼ばれる、吉田茂首相の方針に沿ったものでもありました。

1952年、サンフランシスコ講和条約で日本の独立が実現すると、吉田首相は同時に日米安保条約を調印します。日本に米軍が基地を置くこと、つまり、米軍が広範に日本列島に展開し続けることを許し、日本の安全保障をアメリカに委《ゆだ》ねることで、日本は自律的な安全保障の重圧から逃れて経済に邁進するという発想です。

この方針は大成功を収めますが、晩年の吉田は、自らの戦略が安全保障に無頓着な国民を作り出してしまったことを認めて後悔していました。しかし、日本は吉田の嘆きをよそに、驚異的な経済発展を遂げ、アメリカに次ぐ世界第2位の経済大国にのぼりつめます。

今の若い世代は、この元気が良かった時代の日本を知らず、バブル期が異常なだけだったと考えていますが、かつての日本は本当に元気だったのです。20代前半でバブル期に遭遇した私は、その当時の日本の勢いを記憶しています。

この戦後の繁栄について、ジョージタウン大学のケビン・ドーク教授は「日本人を享楽的にした」と評しています。それは正しい指摘だと思います。

すっかり敗戦に懲《こ》りた日本人は、「平和とは、戦争についていっさい考えないこと」と言わんばかりの態度を取るようになりました。そして、これは私の意見ですが、独特のサラリーマン気質を作り出しました。模範的なサラリーマンは、政治や国際情勢、ましてや安全保障政策などについてはいっさい考えず、ひたすら目の前の仕事に取り組むべき、という発想です。

栄養ドリンクのCMソングのごとく、24時間戦い続ける日本人サラリーマン。政治、まして国際政治などは「お上《かみ》」が考えることで、サラリーマンが考えることではない。ひたすら目の前の仕事、仕事、仕事。それが日本人サラリーマンの美学。

20世紀の間はそれでも何とかなりましたが、21世紀に入って世界は急激に変わっていきました。対応できなかった日本企業はどんどん没落し、日本経済はGDPで中国に追い越されました。世界第3位でも立派な経済大国ですが、何しろ活気を失いました。しかし、サラリーマンの美学は変わりません。世界情勢の変化は、ビジネスに関係しない限りは関知しません。

今や、中国が戦後最大の脅威であることは常識ですが、後述する経団連（日本経済団体連合会）に象徴されるように、日本の企業人の多くは、いまだに中国の脅威の本質を理解せず、中国市場でいかに儲けるかということばかりに腐心しています。かなりの大企業であっても、国際情勢の変化を全く理解していません。それはサラリーマンの本分ではないと考えているのでしょう。

詳しくは後述しますが、先日も、ある精密機械企業の幹部の方と話して愕然としました。

「何百人もの中国人研修生を抱えているけど、中国の脅威なんて考えたこともないよ。君は、日本の文化が素晴らしいと思って、日本文化を守りたいからそんなことを言ってるだけじゃないの？　中国の覇権主義？　世界史を見れば、人間の歴史なんてそんなものじゃないかな？　僕は中国に関しては、あの巨大な市場をどう開拓するかしか考えていない。昔から、与えられた枠の内側でしか考えないようにしてきたからね」

この方は、明らかに中国の脅威の本質を理解していません。中国の脅威は、台湾や尖閣諸島に迫る軍事的圧力だけではありません。中国の脅威の本質は、何でもありの「超限戦」です。軍事、民事の枠を超えた、際限のない戦争行為です。そして、中でも重要な位置を占めるのが、経済を利用した戦争です。

我々は、経済的な相互依存が進めば進むほど、世界は戦争ができず、平和になると教わってきました。しかしそれは、あまりにもナイーブな発想であることがはっきりしました。

今、習近平の指導のもとで中国が推進しているのは、中国は外国に依存せずに自立する一方で、世界には可能な限り中国に依存させることです。外国が中国に依存すれば依存するほど、中国はそれを逆手にとって、その国に影響工作を仕掛けることができるからです。つまり、相互依存は平和への道ではなく、悪意ある独裁国家に弱みを握られることなのです。このように経済を使って相手国を操作しようとすることを、本書の冒頭でも述べたように「エコノミック・ステートクラフト」と言います。

そのような攻撃からの防衛策を講じることを「経済安全保障」と言います。日本では、この経済安全保障という概念が、やっと政府レベルで理解され始めたばかりです。エコノミック・ステートクラフトの一環として、まず、企業が狙われます。いま世界中で、中小企業も大企業も、中国共産党と繋がった企業や組織や個人によって、乗っ取りの危機に瀕《ひん》しています。

その手口は極めて巧妙で多岐にわたります。賄賂《わいろ》やハニートラップだけではないのです。それらの手口を真剣に研究して学ばなければ、防衛することなどできません。我々日本人が、いや、世界中のほとんどの人が想像もしないようなトラップを、彼らは仕掛けてきます。

戦後一貫して、戦争や安全保障のことは忘れて経済一本やりで生きてきた日本人。それが正しい生き方だと信じ、与えられた枠の中でしか考えない習慣を身につけた日本的サラリーマンの美学。その結果、いまだに中国の脅威を認識できない日本の企業人。戦争は、自分たちが侵略戦争を仕掛けなければ始まらないと信じている日本人。

経済に命をかけて生きてきたのに、長年の経済的低迷に悩んだあげく、その経済が今度は自分たちに対する戦争の武器として使われるとしたら、何という皮肉でしょうか？　はたして日本人は、日本企業は、この新しい形の戦争から身を守ることができるのでしょうか？

今のままでは無理でしょう。ひとりでも多くの日本人が、独裁国家による「経済を利用した戦争」の脅威を認識しなければ、すぐ手遅れになってしまうでしょう。

第2章　サイレント・インベージョンと戦う豪州から学べ！

目に見えぬ侵略――犯罪を輸入する「多文化主義」という幻想

ここで再び、2020年7月23日に行われたポンペイオ国務長官の衝撃的な演説について、見ていきましょう。この演説は、対中宣戦布告というよりも、もう後には引けない現実というものが強調されていました。

「我々が中国を変えなければ、中国が我々を変えてしまうだろう」

その通りです。もう後がありません。さらに的を射た発言がありました。

「これは封じ込めではない。そう考えてはいけない。ソ連は閉じこもったが、中国は既に我々の国境内に浸透している」

そう、サイレント・インベージョンです。そして、ここが肝心なのですが、サイレント・インベージョンを可能にするものは、自由で開かれた社会だということです。

中国によるサイレント・インベージョンは、開かれた社会につけこみ、自由主義や民主主義を利用して、それらを抑圧し、征服しようとするものです。つまり、相手の善意につけこんで、乗っ取ろうとするわけです。

サイレント・インベージョンを一言で表せば、「浸透工作」なのですが、その担い手となるのが移民や留学生です。

数年前まで（正確に言えば、中韓反日団体による慰安婦像設置活動に遭遇するまで）私は、オーストラリアの多文化主義は、世界に誇る成功例だと思っていました。多様な文化が平和的に共存するのは、実に素晴らしいことです。まさか、それを悪用して侵略しようとする国家があるとは夢にも思いませんでした。

実は、移民を使った浸透工作や影響工作は、今に始まったことではなく、これまでもさまざまな国が試みています。しかし、その規模と巧妙さにおいて、中国のそれはケタ違いなのです。そして、警戒すべきは浸透工作だけではありません。開かれた多文化主義は、一歩間違えれば犯罪のデパートになってしまうのです。

最近、オーストラリアから、悪質な組織的犯行が次々と報告されています。

２００８年、中国で売られていた粉ミルクに、メラミンという工業用物質が含まれていて、分かっているだけでも６人の赤ちゃんが死亡し、何十万人もの乳児が病気になった事件がありました。それ以来、中国の中流階級は海外から安全な粉ミルクを調達することに躍起になり、その主な供給源として狙われたのがオーストラリアでした。オーストラリア産の粉ミルクは、高品質なのです。

この中国本土の需要に目をつけて、在豪の中国系住人が個人的に粉ミルクを買って、本国の買い手に高値で売る商売が横行しました。これを、ダイゴウ（代購）と呼びます。その結果、豪州内のスーパーマーケットからあっという間に粉ミルクが姿を消して、社会問題になったのです。そこで、各スーパーマーケットは「ひとり2缶まで」というような制約を設けたのですが、買い手は複数の店を何度も訪問して、この制約をくぐり抜けます。この手法は、新型コロナ感染拡大の際の医療器具調達にも使われました。

ここまでだと、まだ犯罪だとは言えないのですが、ご多分に漏れず、ここに目をつける犯罪組織が出てきます。なんと、この個人売買をマネーロンダリング（資金洗浄）に使うのです。

まず、個人売買従事者や旅行者を「買いもの係」として雇い、オーストラリア国内の麻薬売買などで得た利益を購入資金として渡し、粉ミルクを買わせて海外に送ります。商品を受け取った中国側の買い手は、その商品を再販して現金化します。

このように、銀行口座などを経ずに、犯罪によって得た資金を洗浄しながら海外に逃がすわけです。海外に出た金は再び犯罪に使われ、ぐるぐる回ります。麻薬を扱う犯罪組織と、マネーロンダリング専門の組織が別々に存在し、お互いに協業するそうです。非常に巧妙な犯罪行為として、警察のターゲットになっています。

このような犯罪行為のために、本来は国内で消費されるべき粉ミルクが不足し、取り締まりに税金が使われることになるわけです。まさに、多文化主義がもたらすダークサイドです。

移民には良い面もありますが、失敗すれば大きく国益をそこねます。移民国家に長年暮らした私の経験から言えば、移民政策で成功するための原則は、「自国と同等か、それ以上の民度のある国からしか、移民を入れない」ということです。

犯罪率の高い国から移民を導入すれば、必ず犯罪をも輸入することになります。まして、犯罪率が高く、なおかつ国家レベルで浸透工作を企《くわだ》てるような国から移民を入れるのは、自殺行為です。社会不安やコミュニティの分断が発生すれば、それがまた浸透工作に利用されるのです。日本政府は、この現実を理解しているのでしょうか？

止まらない侵略――本当に危ないのはどの国か？

以前、ある討論番組に出演し、次のように主張しました。

「移民政策は安全保障に直結していることを忘れてはならない。移民や留学生をフルに活用して世界中で浸透工作を行っている国があるからだ」

すると、元高級官僚の方がこう言いました。

「中国が悪いと言ったら、アメリカだって悪い。原爆や大空襲、それに、日本政府にも、いろいろと言ってくる」

善悪二元論で言ったら、世界中、悪い国だらけではないでしょうか？　また、ひとつの国にも良い面と悪い面があるのです。

今、我々に求められているのは、そうした善悪の判断というよりも、どの陣営についたら生き残ることができるか、という冷徹な判断です。今の日本の国力では、単独で中立を保つことは不可能だからです。

そんな中、オーストラリアから衝撃的なニュースが飛び込んできました。メルボルン拠点の主要紙ジ・エイジ、シドニー拠点のシドニー・モーニングヘラルド、そして国営放送ＡＢＣの3者が協力して調査し、作成した「中国のオーストラリアにおける浸透工作」に関するドキュメンタリーが、放映されたというのです（Interference China's covert political influence campaign in Australia Four Corners）。

２０１８年、侵略に対する危機感から外国干渉法を施行したオーストラリア。２０１９年には、政界工作を行っていた中国人富豪の永住権を剥奪《はくだつ》し、市民権申請も却下しました。ようやく目覚めたかに見えたオーストラリア。

しかし、このドキュメンタリーを見て背筋が凍りました。中国共産党による大規模で組織的なオーストラリア浸透工作は、以下のように、まったく止まっていなかったのです。

トニー・アボット元首相が、オーストラリアのインテリジェンス機関ＡＳＩＯ（オーストラリア保安情報機構）の警告を無視して、中国人富豪グループに自由党への寄付を促していたことが暴露されました。

全豪に本国共産党に通じる監視ネットワークが張り巡らされ、共産党に批判的な中国人や団体は攻撃され、協力的な中国人や団体は支援されることが、つまびらかになりました。

アボット元首相

中国総領事館が直接、地方自治体に圧力をかけてくるケースも暴露されました。

危機感を感じたターンブル前首相は、中国関連アドバイザーのジョン・ガーナウト氏に極秘調査を命じました。すると、彼の調査に協力した中国人作家は中国当局にマークされ、中国に入国するやいなや、連行されて行方不明になってしまうのです。

2018年3月、オーストラリアに帰化した中国人作家ヤン・ヘンジュン氏は、シドニーでガーナウト氏に会いに行く途中、中国政府からの電話で足を止められました。電話の主はガーナウト氏について根掘り葉掘り質問し、ヘンジュン氏は約束の時間に1時間も遅刻しました。

かつて中国政府の情報機関に勤務していたヘンジュン氏は、中国共産党に批判的になったことから解雇された経歴の持ち主で、ガーナウト氏に貴重な内部情報を提供しました。

ガーナウト氏はヘンジュン氏に、絶対に中国本土に行かないように警告しました。逮捕される危険性が高いと判断したからです。しかし、ヘンジュン氏はそのアドバイスを無視して2019年1月に奥さんと娘を連れて中国へ渡ってしまいます。

ターンブル前首相

案の定、税関では中国政府の職員が10人ほど待ち受けていました。ヘンジュン氏は家族と引き離され、連行されたまま消息不明の状態です。残された家族も出国を禁じられたまま、ヘンジュン氏の安否も知らされません。ガーナウト氏は、ヘンジュン氏が精神的な拷問を受けているのではないかと危惧しています。

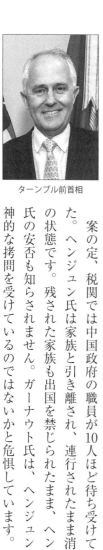

ニュージーランド、カンタベリー大学のアンマリー・ブレイディ教授は、２０１７年にニュージーランドにおける中国の浸透工作を暴く衝撃的なレポートを発表し、現在も調査を続けています。そして２０１９年、オーストラリアの国会で証言をすることになっていた前日、彼女の家は泥棒に荒らされてしまいます。現金などにはいっさい手をつけず、情報のみを盗んでいったとのことです。この犯行にも、中国政府の関与が強く疑われています。

このように、オーストラリアやニュージーランドでは、中国共産党による浸透工作は、もはや公然の秘密になっているのです。さて、ここからが本当の問題です。

開かれた移民国家であるがゆえに、その制度を徹底的に利用されて幅広い浸透工作を許してしまったオーストラリアとニュージーランド。圧倒的なマネーと人海戦術（超限戦）に押しまくられ、まだ自国防衛の戦いに勝利しているわけではなく、心配な状況が続きます。しかし、やっと現状に気づき、法律の整備や汚職政治家の解任、問題人物の追放も行いました。

一方、これまで、西側先進国では最も閉ざされていた日本は、そこまで浸食されていないように見えます。しかし、実際には全く同じことがなされていると想定されます。全く同じことが進行しているにもかかわらず、自浄能力がないために、表ざたになっていないだけでしょう。最近の日本政府の動きを見ていれば、その可能性は十分に高いと言えます。

猛攻撃を受けたが、現実に目覚め、警戒感を強めるオーストラリア。表面的には何も見えず、スパイ防止法もなく、政治家の癒着も追及されない日本。

本当に危ないのはどちらでしょうか？　「中国が悪いならアメリカも悪い」などと言っている場合でしょうか？　我々日本人は、すでに「ゆでガエル」なのかもしれません。

メルボルンのモーテルで発見された中国人の遺体が物語ること

２０１９年11月、オーストラリアでは、ある中国人スパイの政治亡命申請が大きな話題となりました。その人物の証言を中国は頑《かたく》なに否定していますが、中国があらゆる分野で浸透工作を行っている事実を裏づける証拠は、たくさんあります。

中国による浸透工作の実態を暴いたクライブ・ハミルトン教授の著書『サイレント・インベージョン』がベストセラーとなり、アメリカが明確な対中対決姿勢を打ち出した文脈で発生した今回の中国人スパイ亡命事件はドキュメンタリーでも放映され、大変な衝撃をもたらしました。

豪メディアは２０１９年11月23日、香港、台湾、オーストラリアでスパイ（工作）活動を行ってきたとする王力強（Wang Liqiang）が、オーストラリアへの政治亡命を申請したことを伝えました。王氏はまだ27歳と若いのですが、彼が人気報道番組「60ミニッツ」で証言した内容は、香港で彼の上司だった人民解放軍情報将校の実名を含めて、実に生々しく、信憑性を感じさせるものでした。

たとえば香港では、すべての大学に工作員を送り込み、味方のふりをして、香港民主化、独立支持派のグループに潜り込ませる。そして、リーダーやメンバー、およびその家族の個人情報を取得し、公に晒すことで恐怖を与えて黙らせる。

彼や、彼のボスのようなスパイ（工作員）は、普段は上場企業の社員という表の顔を持ちながら、対抗勢力の監視と浸透工作、メディアの取り込み工作などを行い、それに必要な資金を企業から支出させる。

また、王氏は、台湾で独立派を落選させる工作や、香港で本屋の店主が拉致された事件にも直接関与していたと証言しました。

一方、中国・上海の警察当局は、即座に「王氏は詐欺容疑で捜査されていた逃亡犯であり、２０１６年には詐欺罪で懲役1年3カ月の執行猶予つき有罪判決が確定していた。だが、今年2月には、さらなる架空の投資話で大金を騙し取り、警察が捜査を開始する直前に香港に逃亡した」と発表しました。

これに対して、オーストラリア国内では、ジャーナリストも政治家も「性急に結論には飛びつかず、慎重な審査を行うべきだ」という論調が主流となっています。

しかし、時を同じくして、驚くべきニュースが飛び込んできました。日本では読売新聞が報じましたが、中国の情報機関が、オーストラリアで今年5月に行われた国会議員選挙に、ある中国系オーストラリア人男性を立候補させようとアプローチしていたというのです。

この男性はオーストラリアに帰化している32歳で、高級車販売ビジネスを営み、与党・自由党員でした。中国の情報機関はこの男性に、100万豪ドル（8500万円）を供与する見返りに、中華系住民が多いメルボルン東部の選挙区から立候補するように説得していたそうです。もちろん、目的はこの男性を中国政府の傀儡《かいらい》としてオーストラリアの国会に送り込むことです。なぜそんなことが分かっているかというと、その男性は、こうした経緯をオーストラリア当局に通報していたからです。

そして、その男性は選挙前の3月、メルボルンのモーテルで遺体で発見されました。

このことが報じられるわずか3日前、元ASIO（保安情報機構）のトップ、ダンカン・ルイス氏が、地元紙のインタビューの中で、「中国がオーストラリアの政治を乗っ取ろうとしている」と警告を発したばかりでした。

ASIOはこれまでも繰り返し、「外国政府による浸透工作が前例のない規模で行われている」と警告を発し続けてきました。もはや、疑う余地などありません。これはもちろん、日本を含めた多くの国でも実施されているのです。

翻って、日本政府は習近平国家主席を国賓として迎えると発表し、政府高官は「日中関係は完全に正常化し、良くなっている」と言って憚《はばか》りませんでした。それに呼応するように、中国共産党は国内向けに、習近平主席の中日友好政策が大成功していることをトップニュースとして伝えました。

これは何を意味しているでしょうか？　中国共産党による対日工作、とりわけ、政界工作は既に大成功を収めているということにほかなりません。

習近平氏の国賓来日は新型コロナ騒ぎでいったん棚上げとなりましたが、菅政権は来日を完全に諦めてはいません。これを阻止できなければ、日本は西側自由主義陣営から、共産中国の軍門に下ったと見なされてしまうでしょう。

中国人選手のドーピングを批判した豪州人スイマーが受けた凄まじい嫌がらせ

マック・ホートン（Mack Horton）は2016年のリオ五輪で競泳男子400メートル自由形の金メダルを取った、オーストラリアが誇るトップスイマーです。ホートンは、正義感が強いことでも知られています。

2019年7月に韓国の光州広域市で開催された世界水泳選手権400メートル決勝で、ホートンは銀メダルに終わりました。金メダルを取ったのは、中国のトップスイマー孫楊《そんよう》（Sun Yang）でした。

表彰式で、ホートンは表彰台に立つことを拒否しました。それはドーピング疑惑がある孫楊への静かな抗議でした。孫には、2014年に禁止薬物使用で3カ月間の試合出場停止処分の経歴がありました。

このホートンの静かな抗議の直後から、ホートンとホートン家への凄まじい攻撃が始まりました。ホートン家の庭のプールには大量のガラスが投げ込まれ、清掃中の母親が怪我《けが》をしてしまいました。庭には犬の糞が投げ込まれ、木や植木には毒がまかれました。夜中に中国人の若者が集まり、鍋を叩きながら騒ぎ、父親には2日ごとに下手な英語で娘をどんな目に遭わせたいか詳細に語る電話がかかってきました（娘はいないそうなのですが）。

実は、このような攻撃が始まったのは、2016年のリオ五輪がきっかけでした。練習中にホートンは孫から嫌がらせを受けていました。水をひっかけられたり、侮辱する言葉を投げかけられたりしましたが、ホートンは無視しました。

後に、この件についてレポーターに質問されたホートンは、次のように答えました。

「孫は、僕に水をひっかけて挨拶《あいさつ》してきたけど、僕は応《こた》えなかった。薬物使用者に使う時間はないからね」

すると、わずか45分の間に68万件にものぼる侮辱や殺害予告が、フェイスブック、インスタグラム、ツイッター、そして中国版ツイッターの微博《ウェイボー》にあふれかえり、ホートンと彼の両親がまだリオにいるうちにメルボルンの自宅は侵入され、父親が営むビジネスのサイトは中国本土から、膨大なサイバーアタックを受けました。

このような嫌がらせは2020年に入るまで続いたのちに、止まりました。何があったのでしょうか？　なんと、孫がドーピング検査用の血液が入ったガラス瓶をハンマーで叩き割り、8年間の出場停止を食らったのです。「こんなテストなど信頼できない」というのが孫の主張だそうですが、自らクロだと認めたようなものです。さて、この件で特に留意すべきことは何でしょうか？

それは、中国本土からの攻撃とは別に、地元に住む中国人が嫌がらせの実行に動員されているということです。彼らは明らかに、指令を受けて組織的に行動しています。

ホートンの父親は「彼らは命令に逆らえずにやっているのだろう」と寛大なコメントを残していますが、普段はそのへんで普通に生活している中国人が、命令ひとつでギャングに変容してしまうのです。これが、独裁国家から移民を受け入れることの恐ろしさなのです。

日本でも、いつこのようなことが発生してもおかしくありません。いや、報じられないだけで、すでに発生しているかもしれません。実際、中国への警戒を説く知人のメルマガが圧力を受けています。

さらに驚くべきことですが、このような中国人ギャングたちは、自分たちのことを「儒家(Confucianist)」と呼んでいるというのです。儒家、すなわち、儒教を信奉する人々というわけです。古代中国が大好きな日本では、いまだに孔子や孟子が尊敬されていますが、現代中国の「儒家」は、中国の批判者に対してありとあらゆる嫌がらせを働く集団だということです。

これが現実です。今は新型コロナ問題で世界中から中国に対する批判が高まっており、中国はその反撃に躍起になっています。しかし、ひとたび彼らのターゲットになれば、このような移民を使った集中攻撃が、いつでも、誰に対しても実行されるということを、肝に銘じておきましょう。

引退した有名政治家が親中に転じてしまう「悲しい」理由

豪州における中国の浸透工作の手口を詳細に描いた『サイレント・インベージョン』（クライブ・ハミルトン著）を読むと、中国が武力を使わずにいかに外国を属国化しようとするか、その手口が詳細に分かります。オーストラリアがその実験場に選ばれてしまったわけですが、日本がやられていないわけがありません。むしろ、表面化しない分、より深刻と言えるかもしれません。新型コロナ感染拡大が進行している最中でさえ、日本政府は習近平主席の国賓来日を進めようとしていたのです。骨の髄までやられている証拠かもしれません。

実際、日本で親中派の議員があまりにも多いことに驚いている人もいるのではないでしょうか？　中でも、自民党の二階幹事長の露骨な習近平礼賛には驚きました。新型コロナが中国で感染拡大するや、「親戚の人が病《やまい》になったという思いを日本人が持っている」と勝手に発言し、やがて日本で感染が広がって中国から援助のマスクが届くと、「収束したらお礼に伺いたい」とまで言いました。この人なら、中国にいいように操られるでしょう。二階氏がなぜそこまで親中なのかには諸説ありますし、他にも親中派議員はたくさんいるのです。

オーストラリアの場合、元首相を始め、引退した大物政治家が軒並み親中派になって、中国の代弁者になってしまいました。これには心底驚き、ショックを受けました。読者の皆さんは、オーストラリアの元首相と言われてもピンとこないかもしれませんが、私は20年以上オーストラリアに住んでいましたから、すぐに顔が思い浮かびます。

ボブ・ホーク、ポール・キーティング、ジョン・ハワード、トニー・アボット、マルコム・ターンブル、外相を務めたボブ・カー等々。

こうした、オーストラリアの歴史に残る有名政治家たちが、引退してから完全に親中派になってしまい、平気で「アメリカとの同盟なんて名目的なものでしかないんですよ」などと言ってしまったりしています。そして、「オーストラリアの未来は中国なしには考えられない」などと、完全に中国共産党が言ってほしいことを声高《こわだか》に叫んでいるのです。

私から見ると、少なくとも彼らは、二階幹事長よりはずっと気骨のある政治家に見えたし、いずれも強力なリーダーシップを発揮して国を導いていました。要するに、まともな政治家に見えたのです。では、いったい彼らに何があったのでしょうか？　理由はいくつかあります。

まず、日本もそうですが、オーストラリアも戦後、経済至上主義に走っていました。つまり、「金がすべての世の中」です。『サイレント・インベージョン』を読んでいてつくづく感じますが、人はどうしてこうも金に弱いのか？　金に困っているわけでもないのに、なぜそんなに金を追い求めるのか？　もちろん、金よりハニートラップに弱い人もたくさんいますが……。

それから、実は２００８年のリーマンショック後の中国の大躍進が大きな要因です。リーマンショックはご存じの通り、アメリカ発です。世界に、「アメリカが作った金融システムも、とうとう限界を迎えて崩壊したか。アメリカの時代は終わったのか」、と思わせました。そして、その中でひとり気を吐いて世界経済を牽引したのが、まだ成長途上にあった中国でした。

オーストラリア経済は、中国の資源「爆買い」によって危機を脱したばかりか、大成長を遂げました。この資源ブームの狂乱は私も覚えています。オーストラリア人の目には、これからは中国の時代で、中国についていけば豊かになれる、と映ってしまったのです。また、国土は大きいけれど、人口が増えたといっても2500万人のオーストラリアは、実は小国意識の持ち主で、巨大な中国に逆らって生きていくことは不可能だという、諦めに似た心理もありました。

もうひとつ、オーストラリア人には、伝統的にアメリカに対する劣等感と反発心があります。どちらもアングロサクソン系の移民の国ですが、アメリカの方が圧倒的に強国で、オーストラリアといえば「元流刑地《るけいち》の田舎」という印象を持たれ続けてきました。そのことによるアメリカへの反発心も、「イラクで無用な戦争に巻き込みやがって。この際、アメリカの属国をやめて中国についてやる！」とオーストラリア人に思わせてしまった要素だと推察されます。

そしてこれが一番大きいのですが、大物政治家が引退後に感じてしまう「虚無感」というものがあるのです。これは本の中で、「Relevance Deprivation Syndrome」という造語で説明されています。これを何と訳すか難題なのですが、要するに、大舞台から降りて普通の人に戻ったときに、「常に国家の中心にいた自分が、今はもう必要とされていない」と感じる虚《むな》しさのことです。

そんなときに、自分の背後から「ニイハオ」という声が聞こえます。「元首相の○○先生ですね！　大変尊敬申し上げております。ぜひ中国へお越しになりませんか？　5千人を集めて講演会と晩餐会を開催したいと思います。国家主席もお越しになるかもしれません。もちろん、旅費はすべて、こちらで負担させていただきます」

はたして中国へ渡ったこの人物は、王族のような扱いを受けて、すっかり舞い上がってしまいます。さらに、さまざまなビジネスチャンスも提供されます。「中国は自分をこんなにも大事にしてくれる！」すっかり回春した元大物政治家は、喜んで中国の代弁者として、中国の利益のために尽力するようになるのです。

先にも紹介しましたが、シドニー工科大学に中国人の大金持ちが開設したシンクタンクの所長に収まったボブ・カー元外相は、その徹底した親中発言で、「北京《ベイジン》ボブ」と仇名《あだな》される始末です。

そういえば日本にも、中国や韓国で見かけることの方が多い「ハト派」の元首相がいました。彼はいったい、どんなベネフィット（利益）を得ているのでしょうか？　でも、中国がちやほやしてくれるのは、その人の発言が母国で影響力があると思われている間だけです。その人の発言が逆効果になると判断されれば、やがて夢から覚める日が訪れるでしょう。玉手箱を開けた浦島太郎のように。

有名無名にかかわらず、すべての人が、こうした巧妙な中国の籠絡《ろうらく》術について認識しておく必要があります。誰でも、いつかターゲットにされる日が来るかもしれませんので。

ビクトリア州へのサイレント・インベージョンの陰に、中華美女の存在

ハミルトン教授の著書『サイレント・インベージョン』が引き金となって、豪州は少しずつ目覚めていきました。しかし、そのスピードは必ずしも速くはありませんでした。

私が2019年末に豪州の政府関係者に「オーストラリア人は中国の脅威を理解したと考えて大丈夫か?」質問したところ、「みんな頭では分かっているが、それについては触れたくない、見て見ぬふりをしたいと思っている」との返事がありました。

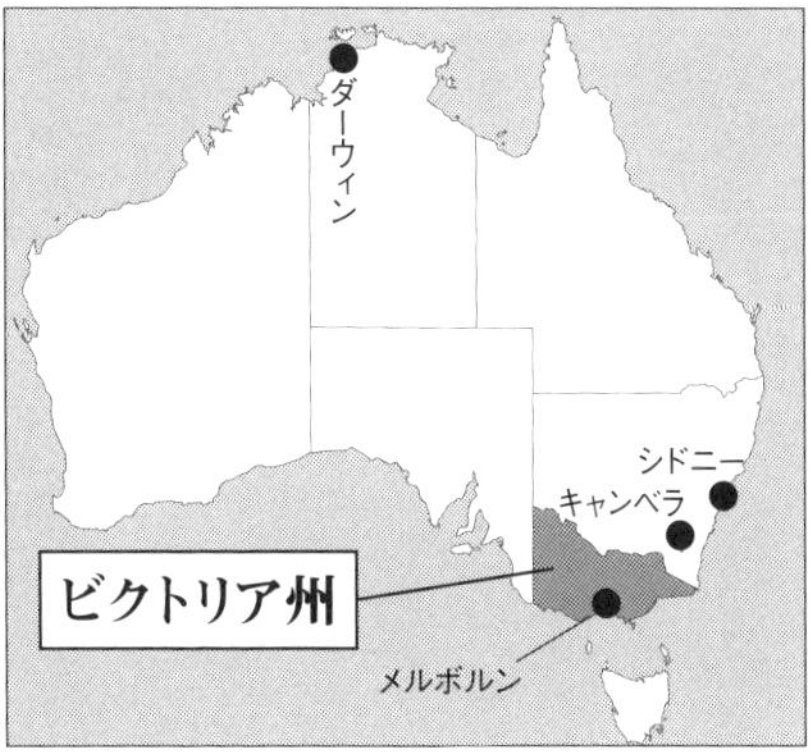

つまり、やはり経済が一番大切だということです。

日々の生活が一番大切なのは当然です。そのためには経済が回って、収入が安定することが必要です。安全保障のことは、それが大事だと分かっていても、できれば考えずに済ませたいと思うのが、人情というものなのでしょう。中国は、そうした心の隙を鋭く突いて、大きな成功を収めました。

しかし、その豪州でも、中国発の新型コロナが引き金となって、一気に覚醒が進みました。現在は、新型コロナウイルスの発生過程に関する独立調査の実施を主張した豪州に対し

て、中国が執拗な嫌がらせを繰り返し、豪州が懸命に抵抗しているという図式に、全世界が注目しています。ここ日本でも、「覚醒して中国のサイレント・インベージョンと戦う豪州」というイメージが広がりました。

しかし、現実は非常に厳しいものがあります。中国の浸透工作は深く根を張り、いちどその網に引っ掛かってしまった人は、容易に抜け出すことができません。その現実を、まざまざと見せつけられたのが、豪州で大問題になった、ビクトリア州の問題です。

ビクトリア州といえば、美しい州都メルボルンを擁する州です。そのビクトリア州の労働党政権が、なんと、独断で中国の一帯一路プロジェクトを受け入れてしまったのです。

外国政府との合意は、基本的に連邦政府の管轄です。農産物の輸出入など、州レベルで合意が可能なケースもありますが、大型の戦略的なプロジェクトとなれば、連邦政府の関与なしに正式な合意を結ぶことは不適切であり、憲法違反の可能性があります。

アンドリューズ州首相
（ビクトリア州政府ＨＰより）

しかし、ビクトリア州労働党政権のダニエル・アンドリューズ州首相は、２０１８年に連邦政府の外務省から「このような合意は連邦政府の方針と合致しない」と言われたにもかかわらず、中国政府と基本的な合意を交わしてしまいます。さらに、２０１９年の10月には、より詳細な覚書（ＭＯＵ）に署名してしまい、２０２０年6月には、最終的な合意書に署名してしまったのです。これらは、連邦政府の承認なく進められました。

当然ながら、連邦政府のモリソン首相のみならず、労働党内部からも批判の声が上がりました。さらに、なんと、米国のポンペイオ国務長官（当時）までもが直々に懸念を表明し、もし、ビクトリア州が通信分野で米国に害を及ぼすようなことがあれば、米国は豪州を遮断する、とまで言われてしまいました。

しかし、驚くべきことに、それでもアンドリューズ州首相はまったく聞く耳を持たず、計画を続行する意思を示し続けました。彼の反論は、「これはビクトリア州の経済と雇用に寄与するもので、そのためにやっている」というものです。では、アンドリューズ州首相は、いったい何をしようとしていたのでしょうか？

報道によれば、一帯一路計画が発動すると、中国の融資で、大規模なインフラ開発が行われます。しかし、そこで工事を実施するのは中国企業であり、多くの中国人労働者が導入されます。一方で、東南アジアなどの一帯一路関連事業では、ビクトリア州に所在する豪州企業が優先的に仕事を割り振られるとのことです。

モリソン首相

これは危険な動きです。まず、中国企業にインフラ整備を任せて大問題になったケースは、枚挙にいとまがありません。大量の中国人労働者が、そのまま住み着いてしまう恐れもあります。

そして、もし借金の返済に滞《とどこお》るようなことがあれば、そのインフラをカタに奪われてしまいます。スリランカもそれで港を失いました。これを「Debt Trap Diplomacy（債務の罠外交）」と呼びます。

仮に、ビクトリア州政府が借金を返せたとしても、ビクトリア州の会社が第三国に出て行って、中国が仕掛ける債務の罠に加担してしまうことになります。

ビクトリア州政府は現在、莫大な財政赤字を抱えていると報道されています。しかし、その穴を中国からの借金で埋めようとするのは、地獄への片道切符を購入するようなものです。

これほど批判を浴び、憲法違反の疑いを掛けられながらも、絶対に引かない姿勢を見せているアンドリューーズ州首相は、よほど中国に取り込まれていると見て間違いありません。そして、その陰に、ある中華系美女の存在が浮かび上がってきたのです。

実は、アンドリューーズ州首相の事務所が、一帯一路を専門に推進するコンサルティング会社と契約してアドバイスを得ており、合計で4万ドル近い報酬をこの会社に支払っていることが発覚したのです。もちろん、税金です。首相事務所はこれに対し、事務的なミスで報告を怠ったと声明を出しています。

この会社はＡＣＢＲＩ（Australia-China Belt and Road Initiative）といい、２０１５年に、ジーン・ドン（Jean Dong）さんという、うら若き中国人女性によって設立されました。

この中国人女性の写真を見てびっくりしました。女優なみの美しさなのです。それもそのはずです。彼女は美人コンテストの優勝者だったのです！

ドンさんは、南オーストラリア州のアデレード大学で商業を勉強した後、大手会計事務所のPwCに21歳で就職しました。そして、2011年、24歳のときに、ミス・チャイニーズ・コスモスという、中国系女性が美を競うコンテストで見事、優勝しています。

そこから彼女は大物政治家とのコネクションを作り、アンドリューズ州首相とも結びついていきます。また、複数のコンサル会社を設立します。自身の動画では、2015年の豪中自由貿易協定締結に向けて、大きな役割を果たしたとアピールしています。そして、2015年には前述のACBRIという会社を設立して一帯一路を推進し、ビクトリア州政府を巻き込むことに成功します。

驚くべきことに、彼女の会社のアドバイザーには、ダーウィン港を99年間リースする契約を勝ち取った中国企業「嵐橋集団」に就職したアンドリュー・ロブ元貿易相などの大物政治家が名を連ねています。

2020年3月27日には、中国共産党の公式新聞のひとつである光明日報のインタビューを受け、習近平主席の新型コロナウイルス対応を称賛し、主席を「世界の救世主」と讃えました。

それにしても、いかに美人とはいえ、なぜ、ひとりのうら若き女性が、ここまでの力を発揮しうるのでしょうか？　その答えは自明の理です。彼女は、サイレント・インベージョンの美しき先兵なのです。

こうして、チャイナマネーと中華美人に絡めとられてしまったビクトリア州は、サイレント・

インベージョンと戦う豪州の脇腹に突きつけられた鋭い刃物です。サイレント・インベージョンがいかに恐ろしいか、ご理解いただけるでしょう。はたして、何人の日本の政治家が、既に堕ちているでしょうか。

ちなみに豪州政府は、２０２０年の12月に「外国関係法」を成立させ、州政府が外国と結んでいるすべての合意を見直し、２０２１年4月、ビクトリア州政府が中国政府と結んでいた一帯一路の契約を破棄しました。中国政府はこれに反発し、復讐を誓っています。

間接侵略は大学から始まる！　留学生ビジネスの落とし穴

中国のサイレント・インベージョンにおいて、最も効率よく利用される手段のひとつが、留学生ビジネスです。

オーストラリアにはそれほど多くの大学はありませんが、７校が世界トップ１００位に入ると言われており、なかなか優秀です。アメリカと比べれば割安で、治安が良いことから、アジア太平洋圏の留学生に人気です。

私が留学した90年代前半は、まだ本来の大学の姿だったと思います。留学生も少なく、華美さがなく、学生も質素ないでたちで、コツコツと勉強に励むところでした。それが今ではすっかり様変わりして、キャンパスはアジア系留学生が占拠したかのような雰囲気で、きらびやかなビルの建設ラッシュです。いったい何があったのでしょうか？

大学は、すっかり留学生ビジネスに依存する、金満体質になってしまったのです。そして、留学生ビジネスとは、チャイナマネー依存と、ほぼ同義語なのです。

最近、名門大学のひとつ、クイーンズランド大学に関して衝撃的なレポートがありました。与党自由党のジェームズ・パターソン上院議員が議会で、大学内の告発者から受け取った機密文書を公開したのです。

そこには、実質的な大学経営トップであるピーター・ホジ副総長が、前年の特別ボーナスとして20万ドル（約1400万円）を受け取ったと書いてあったのですが、その高額ボーナスの根拠のひとつが、中国との関係構築に大きく貢献したことだったのです。

文書によれば、ホジ副総長は2018年から2019年にかけて中国を6回訪問しており、その成果で中国からの留学生は増え続け、2020年の第1セメスター（学期）には、全留学生の63％が中国人留学生になるだろうと予想されていました。特別ボーナスの考査には、「留学生の出身国の多様化」なども含まれていたのですが、完全に無視されています。

パターソン議員は、中国からの留学生に極端に依存することの危険性について警告しています。危険性は大きく分けてふたつあります。

まず、中国からの留学ビジネスは、常に政治的な脅しの道具に使われることです。先にも述べた通りオーストラリアは、新型コロナウイルスに関して、WHOから独立した調査を行う必要性を主張し、多くの国の賛同を得ましたが、在豪中国大使からは即座に以下のような脅迫を受けました。

「中国の消費者は、オーストラリアの牛肉を食べたりワインを飲んだりする必要はないと感じるだろう。中国の親は、子供の留学先としてオーストラリアがふさしいか考え直すだろう」

実際、一党独裁国家である中国は、留学生や観光客の流れを簡単に止めることができ、それを政治的脅迫に使うことに何の躊躇もないのです。これで過去、オーストラリアは何度も屈服させられてきました。経済的な大打撃に耐えられないと判断したからです。

もうひとつの深刻なリスクは、留学生そのものです。彼らの多くはオーストラリアの永住権取得を目指すのですが、それとは無関係に、中国共産党の指揮下に入ります。そして、中国に都合の悪い発言をする個人や団体を監視し、圧力をかける任務を負います。中国の領土的主張を認めない大学教員は吊るし上げられ、謝罪や辞職に追い込まれます。つまり大学は、潤沢《じゅんたく》なチャイナマネーと引き換えに、学問の府としての存立基盤である、思想や言論の自由を売り渡してしまったのです。まさに、悪魔に魂を売る行為だと言えるでしょう。

さらに、留学生は外国の大学で得た知識、特に理科系の先端技術を本国に還流させる義務を負います。留学生の受け入れ国は、貴重な知的財産流出のリスクを負うことになります。

パターソン議員はさらに、ＦＢＩがスパイ機関として認定している孔子学院に、クイーンズランド大学が過剰な権限を与えていることに対しても警告しています。

このように、目先の金に目がくらむと、いつのまにか大学が、外国政府にとって都合のよい浸透工作の先兵となってしまうのです。

私は2019年12月にシドニーの大学のキャンパスを訪れて実地検証をしてみました。そこで見たものは、チャイナマネーが作り出した巨大な建物の群れでした。

チャイナタウンに近いシドニー工科大学は、職業訓練校を合体させて作った比較的新しい大学ですが、中国人留学生が非常に多い大学です。実務分野に特化して、この大学のMBA（経営学修士）も人気でしたが、近年、奇抜なデザインのビジネススクールのビルを建てました。

このビルは周澤栄（Chau Chak Wing）という、中国共産党とつながりが深く、習近平主席とも個人的な親交がある大富豪が、ビジネススクールの建物を作るために大学に寄付した2000万豪ドル（約16億円）を使って建てられたものです。著名な建築家フランク・ゲーリーによって、茶色い紙袋を潰したようなイメージでデザインされています。

Dr Chau Chak Wing building

近寄ってみると、「Dr Chau Chak Wing building」というサインがありました。いつのまにか、ドクターの称号をもらっていたようです。

次に、シドニー最古の名門シドニー大学のキャンパスを訪れると、正門を入ってすぐ右側に巨大な白亜の建物が建設中でした。

こちらは博物館なのですが、なんと、「Chau Chak Wing Museum（周澤栄博物館）」と命名されていました。そうです。同じ人物からの寄付による建物だったのです。

周澤栄氏は、２００７年から４６０万豪ドル（約３億７千万円）を主要政党に献金していました（２９０万ドルを自由党、１７０万ドルを労働党）。まさに最強の中国ロビイストですが、既にオーストラリアの市民権を取得しています。

モリソン首相の母校であるニューサウスウェールズ大学は、シドニー大学に並ぶ名門校ですが、なんと２０１９年に、中華人民共和国の建国70周年と同大学の創立70周年を祝うイベントを、北京で２回も開催していました。心底あきれましたが、これほどまでに大学への中国の浸透は徹底されているのです。日本は大丈夫でしょうか？　大丈夫なわけがありません。

Chau Chak Wing Museum

宮崎県えびの市には生徒の90％が中国人留学生の高校が誕生しました。校内では中国の国歌「義勇軍進行曲」を流すそうです。

山梨学院大学は、２０１９年5月になって、新たに孔子学院を開設しました。

間接侵略は、あらゆる分野を通して実行されます。留学は特に重要な分野です。特定の国、それも、一党独裁の国からの留学生に極端に依存するのは、国を亡《ほろ》ぼす行為なのです。

（参考記事：The Sydney Morning Herald　2020.05.13　"Liberal senator hits out at university China reliance, reveals whistleblower documents"　By Fergus Hunter）

香港の落日と、軍拡に走るオーストラリア

サイレント・インベージョンに散々やられたオーストラリアで、大きな変化が起こっています。南半球（Down Under）の平和に安住していたオーストラリアが、なんと軍備拡張を決定したのです。

全国紙ジ・オーストラリアンによると、モリソン政権は２０１３年以来維持してきた防衛費のＧＤＰ比２％レベルを超えて、長距離ミサイル防衛システムを構築する計画を発表しました。対象は明らかに中国です。

モリソン首相はジ・オーストラリアン紙にこう述べました。

「私が知っていることは、世界が変わったということだ。世界は１９３０～40年代以来、このように経済的戦略的に不確かな時代を経験していない。このことは我々に当該地域に対する意識を高め、能力を向上させることを要求する。我々は潜在的な敵をより遠ざけなくてはならない。我々の態勢見直しの一部は、敵を遠方に固定し、複数のパートナーと協業することで地域

の平和と安全と安定というゴールを達成することだ」

「オーストラリアは、新型コロナのパンデミックと戦いながら、同時に、コロナ後のより貧しく、より危険で、より混乱した世界に備えなくてはならない」

日本の政治家とは、えらい違いですが、まさしく世界は変わりました。

30年前、「ボーダーレス・ワールド（国境なき世界）」という言葉が格好よく響きました。

20年前、通信技術の発達と共に、国際化がグローバル化という言葉に取って代わられました。

10年前、世界のトップ100社から、日本企業がほとんど姿を消しました。

2020年、新型コロナウイルスのパンデミックで、サプライチェーンの世界分散、特に中国への過度な依存が危険であることが明白になりました。

グローバル社会における経済合理性の追求と繁栄は、世界中が基本的に平和で安定を好むという大前提があることを人類は忘れていました。グローバル社会は、日本人にとっては適応しにくい社会でした。

世界は平和を好む国ばかりではないことがはっきりした今、ポストコロナの時代は、いくつかの陣営に分かれ、安全保障を第一に考えざるを得ない、より不安定で混沌とした世界に逆戻りしてしまいそうです。

時代は変わるのです。香港の落日、そして、平和国家オーストラリアの軍備拡張が、来《きた》るべきタフな時代の到来を物語っています。はたして日本はこの変化に対応し、危機を乗りきることができるでしょうか？

今回のサバイバルに必要なのは、知識よりも強靭な思考力です。日本の政治家に、モリソン首相と同じことが言えるでしょうか？　確かなことは、もはや「遺憾砲」をいくら撃っても、自国を守ることができない時代に突入してしまったということです。

アイデンティティ・クライシスに苦しむアメリカとオーストラリア

２０１８年７月４日、アメリカ合衆国独立記念日。私はひとり、調査のためにニューヨークに降り立っていました。

ハドソン川に花火が上がるというのですが、何百万人もの見物客が出るので、おそらく見ることは不可能だろうとホテルのスタッフに言われました。

それでも、試しに川に向かって歩いてみると、立ち止まれるスポットがあり、頭上に上がる花火を見ることができました。とてもラッキーだと言われました。

そんなラッキーな思い出がある独立記念日ですが、それから2年後に目にするニュースは、独立の偉業よりも、自らの生い立ちを忌み嫌う左派アメリカ人の姿を伝えていました。

東部メリーランド州の都市、ボルチモアでは、群衆がロープでコロンブスの像を引き倒し、残骸を湾に投げ捨てて歓声をあげていました。コロンブスといえば、最初にアメリカ大陸を発見した航海者と習いましたが、今では侵略とインディアン虐殺を開始した奴隷商人と見なされ、嫌悪の対象となっています。

最近は世界中でその手の「歴史認識変更」が行われており、アメリカでは南軍関係者の銅像が撤去されたりしていましたが、そうした動きが、だんだん過激になってきています。

オーストラリアでも最近、シドニーのハイドパークのキャプテンクックの像がペンキで汚される事件がありました。これも、キャプテンクックは偉大な航海者というよりも、オーストラリア入植とアボリジニー虐殺に先鞭をつけた犯罪者というわけです。

それで思い出したのは、数年前にオーストラリアのジャーナリストから受けたインタビューです。慰安婦問題について意見を求められていたのですが、他のトピックについても質問していいかと聞かれたので、了承しました。すると、こんな質問を受けたのです。

「今、オーストラリアでは、1月26日の建国記念日（Australia Day）を祝うのをやめようという意見が出ていますが、あなたはどう思いますか？」

これもやはり、フィリップ提督が囚人を連れて初めに上陸した日を祝うのは、不適切だという考え方からきているのが明らかです。

もうひとつの質問は、「クリスマスを祝うのもやめるべきだという意見がありますが、どう思いますか？」でした。さまざまな民族が共存し、それぞれに異なる宗教があるのに、キリスト教のお祝いだけをするのは不適切ではないか、というわけです。

こうなるともう、きりがありません。もちろん、そういう発想も分かります。アボリジニーの視点から見たら、犯罪者集団が乗り込んできて自分たちへの侵略行為を始めた日を建国記念日とされるのは屈辱でしかないでしょう。キリスト教も、その侵略者が押しつけようとした宗教です。しかし、私はそのジャーナリストに言いました。

「そういう意見も理解できるのですが、私たちが現在、イギリスを主とするヨーロッパ文明が築いたシステムの中で生活していることもまた事実です。それぞれの文化の伝統は、必ずしも侵略行為などの負の歴史に塗りつぶされるべきものではありません。要は、他人に強要しない精神が大切だということであって、自らの文化的、歴史的伝統を否定するのは、建設的とは言えないと思います。私はあなたとクリスマスカードを交換したいと思いますよ」

確かに、北米、南米、オーストラリアの歴史は、近代西洋文明による原住民駆逐に始まっていると言っても過言ではありません。それを謙虚に見つめ直したいという心情は理解できますが、銅像を引き倒して破壊したり、ペンキで汚して歓声をあげたりする態度は、あまりにも独善的で子供じみています。これは、分断と対立を利用して既存の秩序を破壊しようとする、ネオ・マルクス主義に依拠する「キャンセル・カルチャー」です。

トランプ大統領（当時）は2020年7月4日の独立記念日にホワイトハウスで演説し、「今、権力を握るために、過去について嘘を言おうとする人々が常に存在する。我々の歴史を偽り、我々に恥をかかせようとする人々が。彼らの目的は破壊だ」と発言し、過激な左派を打倒する決意を表明しました（ニューズウィーク）。しかしトランプ氏は結局、その左派に倒されてしまいましたが。

安全保障の観点からも、民族のアイデンティティは非常に重要です。何を守るか、を明確にする必要があるからです。その点、中国共産党は、国民に次のように信じ込ませて、自らの正当性を強化することに注力しています。

「中国の近代における100年間は悲惨で惨《みじ》めだった。横暴な西洋人と残酷な日本人に踏みにじられた。今、中国は立ち直り、かつての強大な中華帝国を再興する夢に邁進しているのだ」

このようなイデオロギーに基づく愛国教育を徹底された中国の若者は、愛国心のためなら破壊行為も暴力も容認されると信じる傾向が強くなっています（愛国無罪）。

中国共産党は間違いなく、アメリカを始めとする西洋諸国の左派勢力に工作し、人種差別や負の歴史に対する罪悪感を煽《あお》って、分断と混乱を引き起こそうとするでしょう。日本に対して慰安婦問題が使われたように。現に、黒人差別反対運動であるBLM（Black Lives Matter）は、中国の組織に支援されていることが公になっています。世界はすでに、中国が仕掛ける「超限戦」という名の世界大戦に巻き込まれているのです。

さて、このオーストラリアの話には後日談があります。2021年1月26日のオーストラリア建国記念日で、ひと悶着ありました。

国営放送のABCがネットで建国記念日（Australia Day）のイベント情報を掲載したので

すが、その記事タイトルになんと、Australia Day/Invasion Day（侵略の日）と書いたのです。さすがにこれは政府からも国民からも強い批判を受けて削除されましたが、こうした異様なキャンセル・カルチャーの波が、オーストラリアにも押し寄せているのだということを、再認識させられた出来事でした。

孤軍奮闘のオーストラリア。なぜ彼らは目覚め、反中に転じることができたのか？

２０２０年12月20日、依頼を受けて、「オーストラリアは如何《いか》にして反中に舵《かじ》をきれたのか？」という演題で講演をしました。米大統領選にも触れ、核心に迫る内容だったので、ユーチューブでの配信は中止となりました。

ここまで説明してきたように、完全に中国によるサイレント・インベージョンの手に墜ちたかと思われたオーストラリアは、目に見えぬ侵略の脅威に気づくや、毅然とした態度に転じ、今や反中急先鋒の国として、中国と対峙しています。すると、弱いものにはとことん強い中国は、徹底的なオーストラリアいじめを開始しました。

大麦に対する80％の関税、肉の輸入制限から始まり、それでもオーストラリアが屈しないと見ると、さらにワインやロブスターにまで、１００％から２００％以上の関税を掛け始めました。まさに傍若無人、傲岸不遜です。

オーストラリアが、いったい中国に何をしたというのでしょうか？　「新型コロナウイルスの発生過程について独立した調査を実施すべきだ」と発言しただけです。かつて中国への輸出で大きな経済発展を遂げたオーストラリアでしたが、その中国市場への集中が、完全に仇《あだ》となってしまいました。中国が凶暴な全体主義国家であることを甘く見ていたのです。

しかし、自国の領海を侵犯されても「謝謝《シエシエ》」とお礼を言い、「安定した関係を築きたい」と媚びる日本政府とは正反対の姿勢を取り続けるモリソン政権を、国民は支持しています。いったい何が違うのでしょうか？　私なりに分析し、オーストラリア人の政治家にも意見を求めてみました。オーストラリアにあって日本にないものとは？

まず、勇気ある学者や研究者の存在です。クライブ・ハミルトン教授は勇気をもって調査し、『サイレント・インベージョン』を書き上げました。出版に際して複数の出版社に断られながらも、ついに世界を覚醒させる名著を世に送り出しました。これは本当に勇気ある行為です。

ハミルトン教授を助けた研究者も複数いました。前出のシンクタンクＡＳＰＩ（Australian Strategic Policy Institute）も、次々と中国共産党の暗部をえぐるレポートを発表しています。たとえば、「Hunting Phoenix（千人計画などの人材獲得作戦の脅威）」「Uygurs for Sale（ウイグル人の強制労働と外国企業の利用の実態）」など、どれも衝撃的なものばかりです。

新聞やテレビといった主流メディアも、中国に対しては躊躇せずに厳しい報道をしました。中国には常に忖度《そんたく》する日本の報道機関とは違い、ハミルトン教授も、何度もテレビに登場しています。こうしたメディアの追及を受けて、辞任に追い込まれた親中政治家もいました。

政治家も、後手に回ったとはいえ、目に見える対策を講じました。ターンブル前首相は、息子の妻が中国政府高官を父に持つ中国人であったため、親中と見なされていましたが、『サイレント・インベージョン』が出版された2018年には、従来のスパイ防止法を拡充し、画期的な外国干渉法を施行しました。外国勢力による干渉行為を、犯罪と見なして処罰できるようにしたのです。

その後を継いだモリソン首相は、オーストラリアのFBIに相当するASIO（オーストラリア保安情報機構）をヘッドとし、連邦警察や他省庁からなる混成の浸透工作カウンターチームを創設しました。今年、このチームの捜査により、メルボルン在住の中国系豪州人の男性が逮捕されました。その男性は、地元の病院に寄付するなど、慈善家として表彰もされた土地の名士で、なんと自由党の候補にもなった人物でしたが、中国共産党の指令で活動していると判断されたようです。外国干渉法が初めて適用されたケースでした。

もちろん、親中的な議員もたくさんいます。特に、前述したように、引退した大物議員は標的にされて完全に墜ちてしまったケースが多々あります。それでも、しっかりした議員はちゃんといて、超党派で必要な法律を施行しました。そこが日本と大きく違います。

また、国家主権を守るために戦う政府を支持する国民の態度も、特筆に値《あたい》します。「たとえ貧しくなっても国家としての主権を死守する」という政府の姿勢は、基本的に国民に支持されています。この国民の意識も、大きな要素です。私がそのことをある自民党の幹部に説明すると、びっくりする答えが返ってきました。

「うらやましいですね。日本は国家主権ではなく、国民主権ですから」

私は一瞬、意味が分からずに当惑しました。確かに、日本国憲法の柱のひとつは「主権在民=国民主権」だと学校で教わりました。占領軍は日本を、天皇を頂点とする封建主義国家から、国民主権の民主主義国家に改造しようとしたというわけです。従順な日本人はそれを忠実に覚えこんできたわけですが、この考え方では、まるで国家と国民が支配と被支配の対立概念であるかのように思えます。それゆえの自民党幹部の発言だったわけです。

しかし、日本人はこの発想を改めなくてはなりません。国家の枠組みがなくては、国民は存在し得ません。民主主義国家において、国家とは必要な枠組みであり、国家主権を失うことは民主主義をも失うことを意味します。だからオーストラリア人は、国家主権（National Sovereignty）を守ることに全力を尽くすのです。

２０２０年、中国政府は突然、ハミルトン教授の中国入国を禁止する措置をとりました。そもそもハミルトン教授には中国に行く意思も予定もないのですが、一方的に入国禁止を通告してきたのです。これを受けて、国営放送ＡＢＣがハミルトン教授にインタビューしました。

「こんなことをするから、中国とは安定した関係を築くことができないのです」

そう答える教授に、キャスターは重ねて質問しました。

「あなたの対中アプローチは正しいと思いますか？」

ハミルトン教授は、イエスともノーとも言わず、次のように答えました。

「我々には国家としてのプライドがあるのだろうか？　南シナ海の対岸にある独裁国家に牛耳られても構わないというのだろうか？　多くのオーストラリア人が、その答えを既に持っているはずです」

ちなみに、ハミルトン教授は非常にリベラルな方で、自ら左派を名乗っています。いわゆる保守派ではありません。本来、国家主権の前に右も左もないのです。日本の野党とは大違いです。オーストラリアは、国土は広大でも、決して大国でも強国でもありません。民主主義の旗頭《はたがしら》であるべき米国があのような惨状を呈する一方で、オーストラリアは必死に戦っています。

それを可能にしているのは、国家主権を死守するという固い決意なのです。

中国の魔の手から逃れるために、日本がなすべき最初のことは、真の国家になることです。そのことをオーストラリアが教えてくれているのです。日本はオーストラリアから学ばなくてはなりません。

第3章　日本は戦後最大の危機を乗りきれるのか？

日本人はやっぱりエコノミックアニマルなのか？

「エコノミックアニマル」という言葉を覚えている方はいらっしゃいますでしょうか？　若い世代だと知らない人もいるかもしれません。

昭和40年に、アジア・アフリカ会議でパキスタンのブット外相が、日本人の経済一本やりの姿勢を評して「日本人はエコノミックアニマルのようだ」と言ったのが始まりらしいです。もちろん、侮蔑表現です。

昭和40年代から50年代といえば、まさに戦後の経済復興期。戦争に敗《やぶ》れた日本人が、必死に働いて奇跡の経済成長を成し遂げた時代です。いま振り返れば、朝鮮戦争による特需で息を吹き返した日本が、戦後敗戦レジームの中で、「戦争では負けたけど、経済で頑張ろう！」と決意して、ひた走った時代でした。

その結果「経済のことしか考えないエコノミックアニマル」と揶揄《やゆ》されながらも、とにかく日本は元気でした。その結果、こんな資源もない小さな島国が、アメリカに次ぐ世界第2位の経済大国にのぼり詰めたのですから、驚くべきことです。

しかし、80年代終盤のバブルがはじけると、失われた20年、いや、30年に突入。これは時を同じくして起こった世界的大変革に日本がついて行けなかったことが真の要因です。私は長く海外でグローバル企業にいたので、日本の地位がどんどん下がるのを直《じか》に感じていました。

そして、すっかり影が薄くなった日本が「エコノミックアニマル」と呼ばれることはなくなりました。しかしそれは、日本がもはや「エコノミックアニマル」ではなくなった、という意味でしょうか？　私自身、「エコノミックアニマル」なんて言葉は長らく忘れていました。でも、最近、急にこの言葉が脳裏に浮かぶ出来事がありました。

私は、２０１８年10月の安倍総理と習近平国家主席による日中首脳会談は、大失敗だったという考えを持っていて、２０１８年11月発売の月刊『ＷｉＬＬ』１月特大号では、中国専門家の福島香織さんとの対談でその趣旨を解説しました。

安倍首相と習近平国家主席（2018）

日本政府がこのとき中国政府と合意した通貨スワップの再開について、外務省と日銀は「日本企業支援のため」と説明していました。なぜ、５年間凍結されていたスワップを再開して、日本企業を支援する必要があったのでしょうか？

それは、日本企業が「今から中国企業と一緒になって一帯一路で金儲けしたい。でも、不安だから政府がバックアップしてね」ということです。一帯一路が世界中で頓挫しているから、日本がテイクオーバー（奪取）してやろう、というのではなくて、中国企業の下請けになって金を稼ごうということです。決済は元《げん》だから、万が一、元が底をついたら日銀から供給してもらうというわけです。

この場合、日銀は元の調達のために、中国の通貨当局に円を差し出しますから、実質的には米ドルを供給するのと同じです。最高3兆4千億円といえば、やっと停止することになった、40年間にわたる対中ODAに匹敵する金額です。

トランプ政権が「いま潰さないとやられる」とダメージ覚悟で中国との貿易戦争を開始し、世界中で一帯一路の帝国主義的性格が明らかになって非難が沸き起こっている最中に、日本がこんなことをするわけですから、当然、世界を驚かせました。

しかし、当時の中西経団連会長以下500人あまりの経済人は、安倍首相に同行して新たな商談を結ぶことに嬉々としていました。中華帝国の再興で日本が一番危ない位置にいることなど、まったく関知していないのが明らかでした。

そして韓国。新日鉄住金に続いて三菱重工が「朝鮮半島からの出稼ぎ労働者への報酬に関する裁判」で敗訴したという知らせが流れたとき、経団連は、韓国の経済団体である「全経連」とソウルで共同の講演会を開催していました。講演会後、経団連の中西宏明会長（日立製作所会長）は次のように述べました。

「政治とか文化交流が停滞すると、長い目で見ると経済にとっても良くない」

「実際、どういう形でこれ（徴用工裁判）がフィードバックされるのか分からないし、ただ日本側から見ると、ちょっと驚く内容なので、何とか悪影響が出ないようにお願いするしかない」

同じ経団連に加盟している企業が高額の賠償金を不当に請求される事態に、いったい何を言っているのか、まったく意味不明です。「悪影響が出ないようにお願いするしかない」とは、誰にお願いするのでしょうか？　まるで他人事です。

この姿を見て、「歴代経団連会長でEメールを使えるのは中西会長が初めて」というニュースを思い出すと共に、相変わらず、国家観も歴史観も世界情勢の把握もなく、目先の商売だけを考えているんだなあ、と痛感しました。

つまりは、元気がなくても、相変わらず「エコノミックアニマル」だということです。それも随分と落ちぶれたものです。その「エコノミックアニマル」が政権に影響力を行使した結果、日本政府は十分な審議もせずに、外国人労働者の大量受け入れを進めてしまいました。

新たに入国在留管理庁を発足させましたが、すでに何万人もの行方不明の失踪者がいる現状では、とても追いつきません。結果として、サイレント・インベージョンを加速させることになります。

安全保障を忘れ、世界情勢を理解せず、差し迫った危機を他人事のように傍観し、経済だけに専念すれば良いと考える戦後日本人の姿勢が、まさに日本を消滅の危機に追いやろうとしているのです。もうとっくに、経済だけで生きていける時代ではなくなったというのに。

この本の読者の皆様には、たとえ今からでも、安全保障について真剣に考え、どうしたらこの国を子孫の代に残せるか、諦めずに一緒に模索していただきたいと思います。

すり寄る中国に日本政府が真っ先に交渉すべきこと

２０１８年以降、中国が「日本無視」から「友好」に大きく舵をきった理由は自明の理です。アメリカが対中対決を超党派で明らかにし、貿易戦争の激化で苦しくなり、また、アメリカから技術を盗めなくなったので、日本を救命装置に使おうとしたわけです。実に見え透いている、いつものパターンです。

ところが、前述したように、日本政府と財界は飛び上がって喜んでしまいます。経団連の中西会長は「中国は我々を求めている！」と満面の笑みです。安倍総理も「日中関係は完全に正常な軌道に戻った！」と宣言してしまいました。

前述の通り、２０１８年10月に安倍首相が訪中した際、多くの経済人が同行して、ここぞとばかりに新規事業の合意書に署名しました。米国との貿易戦争という名の覇権戦争に追い詰められて日本にすり寄る中国の姿を見て「チャンスだ」と考えたのです。

覇権国家中国の延命に手を貸す愚に加え、私は日本政府がやたらと中国との人的交流事業に熱心なことに気がついて、それを奇異に感じました。そして、外務省による日中首脳会談概要に記述された、「首脳会談の成果」として羅列された項目を見て言葉を失いました。中国へのラブコールが、ぎっしり詰まっていたのです。

ア　日中双方は、青少年交流の強化に関する覚書の署名を歓迎し、来年を「日中青少年交流推進年」とし、両国の若い世代の間の交流をより一層促進することで一致した。このため、双方は、今後5年間で3万人の青少年交流を推進していくことで一致した。

イ　日本側は、中国の大学生およびリピーター観光客を対象とした更なる対中査証緩和措置を発表した。中国側はこれを歓迎した。

ウ　日中双方は引き続き、日中両国間の双方向の往来を増進させるための具体的方策を検討していくことで一致した。

エ　日中双方は、2020年の東京オリンピック・パラリンピック競技会および2022年の北京・張家口オリンピック・パラリンピック競技会を契機として、さらに国民交流を促進していくことで一致した。この関連で、日中双方は、東京オリンピック・パラリンピック競技大会組織委員会と2022年北京オリンピック・パラリンピック冬季競技大会組織委員会との間の交流と協力に関する了解覚書の署名を歓迎した。

オ　日中双方は、本年5月に発効した日中映画共同製作協定を受け、具体的な協力が推進されるよう緊密に意思疎通していくことで一致した。

中国共産党は腹を抱えて笑っていたことでしょう。「これでまた日本を利用し尽くしてやる」

と。一方、こんなとき、日本にまともな政治家がいたら、「ここは交渉のチャンスだ」と思うでしょう。こういうときこそ、ニコニコ笑ってはいけません。仏頂面《ぶっちょうづら》でいいのです。そして、「なるほど、日中友好は重要です。それでは早速、安定的友好関係が築ける環境づくりをいたしましょう」と切り出すべきです。

読者の皆さんなら、こんな局面で何を要求するでしょうか? まず、頭に浮かぶのは、尖閣水域への中国公船侵入を直ちに停止することです。それは当然です。他にもたくさんあります。私なら、これまで海外で反日活動に対抗してきた経験から、即座に次のことを要求します。

「まず、海外で活動している反日プロパガンダ団体をすべて解散してください」

海外での反日活動というと、韓国系のイメージが強いのですが、実は、中国系の活動が活発なのです。私自身が関与したオーストラリアのストラスフィールド市で突如発生した慰安婦像設置騒ぎも、先に中国系の反日団体ができて、韓国人団体に焚《た》きつけたのです。

中国人は韓国人に任せると失敗すると思っていますから、だんだんと自分たちが前面に出るようになり、サンフランシスコ市での慰安婦像設置は、完全に中華系が主体でした。

サンフランシスコといえば、米民主党の上院議員ダイアン・ファインスタイン議員の拠点です。ファインスタイン議員は、サンフランシスコ市長を務め、連邦議会上院議員歴は四半世紀以上になる重鎮です。上院では情報委員会の委員長のほか外交委員会の中枢メンバーも務め、反トランプ政権の急先鋒でもありました。そのファインスタイン議員が2018年8月5日、

ファインスタイン上院議員

突然、次のような声明を出して全米を驚かせました。

「5年前、FBI（連邦捜査局）から、私の補佐官のひとりが中国諜報機関にひそかに情報を提供し、中国の対米秘密工作に協力していると通告を受けた。独自調査も行った結果、すぐに解雇した。機密漏れの実害はなかった」

はたして、本当に実害はなかったのでしょうか？　ファインスタイン議員に20年間も仕えたこの補佐官が「ラッセル・ロウ」という人物であること、実は中国の対外諜報機関の国家安全部に協力する工作員だったこと、サンフランシスコの中国総領事館を通じて、長年にわたって同安全部に情報を流していたことなどがメディアで報じられました。

そして、このロウ氏、ファインスタイン議員の補佐官を解任されてから、サンフランシスコに本部を置く「社会正義教育財団」という団体の事務局長に就任して活動を始めました。同財団は「学校教育の改善」という標語を掲げながら、慰安婦問題などをネタに日本を糾弾し、反日プロパガンダをカリフォルニアの教員に刷り込むことを目的としており、「日本は軍の命令でアジア各国の女性約20万人を組織的に強制連行し、性奴隷とした」など、反日プロパガンダ満載の教員向けガイドラインまで作成して配布しています。

ロウ氏は2017年10月にはこの財団を代表して、反日で知られるマイク・ホンダ前下院議員と共に韓国を訪問し、現地での記者会見で、「日本は慰安婦問題に関して反省も謝罪もせず、

マイク・ホンダ前下院議員

安倍政権はウソをついている」などと暴言を吐いています。もちろんロウ氏は、本国政府の指示で動いているのでしょう。

こんなことが、日本国民が知らないところで恒常的に行われているのです。なんでこんなことに血道を上げるかといえば、もちろん、アメリカ人の対日感情を悪化させて、日米安保条約が効力を発揮しないようにし、さらには日米同盟破棄に繋げるためです。

なので、私が日本政府の立場だったら、「中国政府が本気で日中友好を願うなら、このような団体のすべてを即時解散させるべきです。そして、中国の学校教育における反日教育も中止してください。そのようなことが継続されている限り、真の意味での日中友好が実現するわけがありません。そのような本質的変化が基調に乗ったら、次に、具体的に何ができるかを話し合いましょう」と言います。

ところが、日本政府の頭にあるのは、日中ビジネスを拡大して財界を喜ばせることだけでした。さらに、仙台市と神戸市の要望に基づき、さらなるパンダの貸与を要請することでした。そして、習近平主席を国賓としてお迎えするとの決意を固め、どんなに批判を浴びても、その決意が揺らぐことはありませんでした。

習近平は手を打って叫んだかもしれません。

「そうだ！　同志諸君、日米同盟を破壊するのに、回りくどい反日工作は必要なかったのだ。

に、これ以上強力な兵器はない。なんで今まで気づかなかったのだろう！」

私が日本の首相と天皇陛下と親密になるのが一番の早道だったのだ！　日本を孤立させるの

日本政府の中国接近の裏に経産省の影？

米中貿易戦争の激化に耐えかねて日本を利用しようと歩み寄る中国を見て「チャンスだ！」と飛びついた日本政府と経団連にがっかりしたという話を前項でしましたが、報道によると、経団連の中西会長は中国の一帯一路について、「中国は日本に協力を求めている。大きなチャンスが来ている」と本当に発言したそうです。これに対して、評論家の石平さんは次のように言っています。

「しかし一帯一路は今、欧米諸国から批判され、アジア諸国からも拒否されている。だからこそ中国は日本に『協力』を求めてくるのだが、それを『チャンス』と捉えるとは、ただの大馬鹿である」

私も心底驚くとともに、財界トップがここまで世界情勢が見えていないのかと落胆しました。日立といえば、今でも一流企業のはずなのですが。

安倍首相も、訪中時の習国家主席との会談で「競争から協調へ」「脅威ではなくパートナー」「自由で公正な貿易体制の発展」の3原則を確認したことを、成果として強調していました。

失礼ながら、そんな原則論を中国に述べて、何か意味があるのでしょうか？　尖閣海域への中国船の侵入は激しさを増すばかりで、日本の排他的経済水域（ＥＥＺ）内に投げ込まれたブイも回収されていませんし、極端な反日教育も中止されていません。つまり、それらは無視されたということです。

中国側がいつもとは違って何も反論しなかったことを捉えて、「日本の大勝利」だと称える記事もありましたが、中国側はもちろん「ここは日本人に言わせておけ。たっぷり利用してやる」と思っていただけです。日本人のお人よしは国が亡ぼされるまで治らないのでしょうか。

この日本政府と財界の、世界の正反対を行く行動には、前述したように心底驚きましたが、さらに気になるのは、あちこちで「経済産業省が日本企業に中国企業と協業するように指導している」とか、「安倍首相を動かしていたのは外務省ではなく経産省」という話を、ちらほら聞いたことです。

そんなことが本当にあるのだろうか、と訝《いぶか》しんでいたのですが、どうやら本当だったようです。ジャーナリストで産経新聞ワシントン駐在客員特派員の古森《こもり》義久さんが、日本政策研究センター発行の『明日への選択』平成31年1月号で、インタビューに答えて次のように述べています。「私が今心配しているのは、安倍首相の周辺にいる経済産業省出身の人たちの考え方です。私は前身の通商産業省時代からその人たちを知っているけれども、『今の通産省には日米同盟を本気で信じている人間は一人もいない』とか『対中ＯＤＡをやめろと言うのはけしからん』と面と向かって言われたことがあります。彼らは日本がマーケットでの実利的な面、あるいは実務的な面で、中国ともっと親しくすることが日本にとっていいことだと信じている。その一方で、自分の言いたいことを言ったら牢屋に入れられてしまうというような共産中国の邪悪な一面についてはことさら無視するのです。そういう人たちが安倍首相の傍らにいて、中国にすり寄ろうというのであれば、それは間違っています。日本にとって何もいいことはない。むしろアメリカとの齟齬《そご》が当然出てきて、同盟関係を毀損《きそん》しかねません」

恐ろしいことです。経産省の人々は、完全に中国の工作にやられているのでしょうか？

では、肝心の安倍首相はどう考えていたのでしょう？　安倍首相が中国の脅威を本当に理解していたのか、私には判然としません。

実は安倍首相に近いふたりの方から、全く逆の見解を聞きました。ある方は「安倍総理は中国の脅威をしっかり認識している」と語り、ある方は「安倍総理は中国の脅威をよく理解しておらず、極めて危険だ」と嘆いていました。いったいどちらが真実だったのでしょうか？

その安倍首相がついに退陣し、菅総理になりましたが、菅総理の周囲にいる人々も安倍総理時代と変わらないか、さらにビジネス重視、中国の脅威軽視の可能性が高いでしょう。

いずれにしても、ひとつ確かなことがあります。日本は今、激動する国際情勢の荒波にもまれる木の葉のようなもので、明確なビジョンを持たずに、ただ漂っているように見えます。そんな危険な時代にあって、私たちは、自らをエリートだと思っている官僚、財界人、または政治家だけに日本の運命を任せきることはできない、ということです。

私たちひとりひとりが独自の見識を持って、企業にも政府にもどんどん意見を投げかけて、事態を変えていく努力をしなくてはなりません。論評だけで満足している場合ではないのです。日本はそれほど、存亡の機に直面しています。

日本がナチスと組んだ悪夢再び？

2019年元旦、衝撃的なニュースが飛び込んできました。前日の大晦日に、トランプ大統領が「アジア再保証推進法」に署名し、法律が成立しました。この法律には台湾への防衛装備品の売却推進や、南シナ海での航行の自由作戦の定期的な実施、さらには東南アジア諸国の海洋警備や軍事訓練などに今後5年間で最大15億ドル（約1650億円）を投じることが明記されているとのことです（「米、中国けん制へ新法成立　台湾と軍事協力推進」日本経済新聞）。

2018年12月上旬の上院での法案採決では、野党・民主党を含むすべての議員が賛成したそうですから、アメリカが挙国体制で中国と事を構える決意をしたことが改めて分かります。

直後の1月2日、習近平主席は「台湾統一に武力行使を排除しない」と発言した上、軍の最高指導機関である中央軍事委員会で「有事の際には必ず迅速に対応できるようにせよ。軍事闘争の準備にしっかり取り組むよう」繰り返し檄を飛ばしたそうです（「中国・習主席『軍事闘争の準備を』アメリカを牽制」テレ朝ｎｅｗｓ)。

こうなると、もう牽制なんていうレベルではなく、互いに宣戦布告しているようなものです。

前述した通り、こんな怪物国家を作り上げてしまったのは、アメリカと日本の莫大な援助です。アメリカは中国が経済的に発展して中流階級が育てば自然と民主化することを期待していたと解説されていますが、私は、アメリカは単に、中国市場を育てて金儲けがしたかっただけだと思っています。それからもちろん、「マネトラ、ハニトラによる工作で操られてもいたでしょう。これは日本も同様です。日本は特に、天安門事件で孤立した中国を天皇訪中で救出するという愚を犯しました。

確かに中国は、購買力のある巨大市場として強大な影響力を持つに至りました。ですが、繰り返すように、中国はその市場を「武器」に転化してしまったのです。

「中国で商売したければ技術を放出しろ！」

「中国の意向に逆らったら中国で商売できないようにしてやる！」

こうした恫喝は、中国経済に依存する中小経済国支配には、極めて有効でした。オーストラリアの大学も、始めこそ学問の自由を盾に中国の干渉を退けようとしましたが、「それなら中国から留学生が行かないようにしてやる！」と中国国内でのマーケティングを封じられ、あえなく陥落しました。これこそサイレント・インベージョンです。民主化どころの話じゃありません。まさに中華帝国の逆襲です。

さらに恐ろしいことに、最近では「中国製は安かろう悪かろう」ではなく、月の裏側に探査船を着陸させる技術を持ち、超ハイテクの第4次産業革命を制して世界支配を目論むレベルに到達しました。これではアメリカも、本気で戦う覚悟を決めざるを得ません。こうした大きな国際情勢の流れは、冷静に見ていれば素人でも分かります。

しかし、ここで嫌な記憶がよみがえります。日本は戦前戦中と、大きな判断ミスを繰り返して破滅に至りました。ソ連のスパイに誘導されたこともありますが、中でも致命的なミスのひとつが、ナチスドイツと同盟を結んだことでしょう。なんでまたヒトラーなんかと？

あのころ、日本人は破竹の大進撃をするナチスに憧れてしまいました。ナチスについて行けば、帝国主義時代の複雑な国際情勢を乗りきれるのではないかと。ナチスはすでに英仏と戦争状態でしたから、ナチスと同盟を組めば自動的に英仏、そしてアメリカと戦争になってしまいます。それにもかかわらず、日本はドイツと組むことが牽制になると考えました。

今と違って情報網も限られているので、日本は成績トップの将校をドイツやスイスに送って戦況を確認しようとします。しかし、受験秀才は有事の際にはあまり役に立ちません。昔も今も、あくまでもペーパーテストの名手にすぎません。でも中には本当に優秀な人がいて、ドイツがすでに対ソ連の東部戦線で敗色濃厚になっていることを掴《つか》んだ人もいました。

「今、ドイツ頼みでアメリカと戦争を始めてはいけない！　ドイツはソ連に負ける！」スウェーデン駐在武官だった小野寺信《まこと》大佐は、必死に本国に打電します。しかし本部は、ナチスにすっかり入れ込んでいた大島浩《ひろし》全権大使の報告を真に受けて、なんとこのタイミングで真珠湾攻撃を敢行してしまいます。

「誰と組むか」は戦略の基本中の基本です。日本はドイツと組みながら、ただのいちども同じ戦場で戦うことがありませんでした。特に、もともとイギリスを範としていた海軍が、ドイツとの同盟にことのほか熱心だったというのは、実に不可解です。

それが一説によると、ドイツに駐在した日本帝国海軍の武官には、「メイド」という名目で現地女性があてがわれ、みんなへろへろになってしまったとのことです。この「ムフフ体験」が主たる理由で、すっかり親ドイツになってしまったと。まさか、これが同盟を結んだ主たる理由ではないだろうと信じたいですが、いずれにしても愚かな判断でした（『昭和史の論点』坂本多加雄・秦郁彦・半藤一利・保阪正康、文藝春秋）。

小野寺信大佐

しかし21世紀も20年以上を経た今、このドイツとの同盟をあり得ない愚かさと決めつけることができなくなりました。なにしろ、財界エリートの経団連が「中国は我々を求めている。今がチャンスだ！」と今さら中国と商売することに燃え、日本政府もそれを後押ししているからです。

２０１９年1月13日、経団連がサイバーアタックを受けた２０１６年の事件について、アメリカ司法省が中国の国家安全省と繋がっていると断定している「ＡＴＰ10」という中国人ハッカー集団のしわざであったことが確認されたと発表したとのニュースが流れました。経団連のシステムに入り込んだウイルスは、PCやサーバーに次々と感染しながら、2年以上も潜伏していたとのことです。これでも経団連は、米国との貿易戦争で苦しむ中国を助けるために、嬉々として中国企業の下請けをするのでしょうか？　そして日本政府はそれを後押しするために、通貨スワップまで用意して、支援し続けるのでしょうか？

ナチスドイツと手を組んだ、かつての軍部を今の日本人は批判できません。はたして歴史は繰り返してしまうのでしょうか？

日本人に贈る、スティーブン・バノン氏のメッセージ

元トランプ大統領首席戦略官兼上級顧問のスティーブン・バノン氏が2019年春に来日し、都内各所で講演をしました。私もそのひとつを聞き、バノン氏と簡単な会話を交わす機会に恵まれました。バノン氏について、批判的なことを言う方もいらっしゃいますが、お話を聞いた限りでは、極めて的確で、しっかりした意見の持ち主であると感じました。

バノン元首席戦略官

バノン氏は安倍首相を称賛していましたが、彼が一番伝えたかったことは、差し迫る中国の脅威についてでした。トランプ政権が退陣

した現在でも、そのまま当てはまる内容ですので、以下に講演の要旨を簡単にまとめてみます。

•トランプ大統領が掲げる「アメリカ・ファースト」は、決してアメリカ孤立主義ではなく、アメリカと同盟国の安全保障強化を念頭に置いたものです。

•ハノイでの米朝会談は成功でした。トランプ大統領が問題にしているのはＩＣＢＭだけではなく、中距離ミサイルも含む、すべての大量破壊兵器です。

•北朝鮮は中国の支えなしには存在し得ません。その意味で、北朝鮮は中国の一部と見なすことができます。ですから、中国に圧力を加えなくてはならないのです。

•米中貿易戦争は、関税とか大豆とかの話ではなく、安全保障の問題です。特に技術の漏洩《ろうえい》を防ぐのが目的です。

•中国は、千人あまりの人間が14億の民を支配する、全体主義国家です。

•１９９９年にふたりの人民解放軍の将軍が『超限戦（Unrestricted Warfare）』という本を出しました。これは非常に重要な本です。日米をいかに中国の属国にするかの戦略論です。

•彼らは３つの戦争を定義します。①情報戦、②経済戦、③兵器戦です。

•③の兵器戦で西側に挑むことは、絶対に避けなければならないと警告しています。勝てる見込みがないからです。しかし、情報戦と経済戦では世界を支配できると考えています。

•そのために、マッキンダー、マハン、スパイクマンらの地政学を、ひとつの大戦略にまとめたのです。

- それが「一帯一路」であり、「中国製造2025」であり、「5Gの支配」です。
- アフリカからブラジル、アルゼンチン、ベネズエラに至るまで、極めて広範囲な地域で債務の罠を広げています。
- 実は、これらはかつて、イギリスの東インド会社がやったことの意趣返しなのです。
- 5Gは、従来の3Gや4Gの延長ではありません。すべての未来技術の根幹となる技術です。
- 中国は5Gを支配するものが世界覇権を握ると考え、情報の兵器化を狙っているのです。
- しかし、中国はしょせん、張子の虎です。なぜなら、すべてが米国や日本から盗んだ技術だからです。
- 圧力を結集し、中国人民の決起を促さなくてはなりません。
- 一番重要なのは、強固な日米同盟です。
- 我々は、強く、自立した日本が必要なのです（We need strong and independent Japan）。

ざっとこんな感じでしょうか。私は、最後の「We need strong and independent Japan」が一番重要な日本へのメッセージだと思います。今の日本は国家の体を成していません。

これまでもアメリカは、ソ連や中国の共産主義の脅威に対して日本に同様のメッセージを送ってきましたが、日本はいつもそうした国際情勢にはコミット（関与）せず、安全保障はアメリカ頼みで、経済に専念することを選んできました。

しかし、日本の経済が世界に占める割合はこの30年間で3分の1に下落し、国力が低下した日本は、かつてない脅威に晒されています。今こそ自立的な国力強化を図らなければ、遠からず日本という国は溶解してしまうでしょう。

さて、私はバノン氏に挨拶して、個人的に以下の質問をしました。

山岡「あなたのお話に感銘を受けました。ところで、安倍首相は中国の脅威を正確に理解していると思われますか?」

バノン「はい、理解されています」

山岡「それにしては、経済界に気を使うあまり、中国にすり寄るかのような政策を取っているのが気になります」

バノン「(微笑みながら)トランプ大統領も、経済界から大変なプレッシャーを受けています。安倍首相も同様なのです」

バノン氏が安倍首相にお会いになったかどうかは分かりません。バノン氏の明確なメッセージが総理に伝わったことを願いますが、その安倍首相も退陣してしまいました。

今、日本は大変な岐路に立たされています。またもや「ナチスと組んで世界制覇を目論んだ」

という汚名を着せられることがないように、心から祈らざるを得ません。

一帯一路の終着点は日本の属国化

2018年のある日、あるパーティでスピーチを依頼されたとき、私は次のように言いました。

「日本は必然的に米中覇権戦争の狭間《はざま》に立たされるが、間違っても関ヶ原の合戦における小早川秀秋のように振る舞ってはいけない。そんなことをしたら、どちらが勝っても潰されるだけだ」

しかし、日本政府は、私が心配した方向に進んでいるように見えます。

先にも触れた2018年10月の日中首脳会談で、安倍首相が第三国インフラでの日中協力を打ち出したとき、あたかも「一帯一路に協力させてください!」と懇願しているように見えました。そして、それを否定するかのように、日本政府は「第三国協力は開放性、透明性、経済性、財政健全性の4条件で進める」「一帯一路への協力ではない」などと言っていました。

しかし、それでどうやって、中国とビジネスをやるんでしょうか? それらの条件が揃うプロジェクトに限定すればよいと、まじめな顔で言うシンクタンクの方もいましたが、相手の本質が変わるはずもありません。先ほどのスティーブン・バノン氏が警告するように、一帯一路、中国製造2025、5G制覇がセットで世界覇権を目指す中国の大戦略であることは、疑う余地がないのです。日本政府の言う4条件を、まじめに考慮する中国ではありません。理解したふりをして、日本を絡め取ってから利用しようとするのは自明の理です。

などと思っていたら、案の定、２０１９年3月6日、全人代の経済関係に関する記者会見で、「中国政府は、日本が一帯一路に協力していると断言した」というニュースが飛び込んできました。中国ウォッチャーの遠藤誉さんや福島香織さんは、これは中国が「一帯一路＝債務トラップ」というネガティブ・イメージを払拭《ふっしょく》するために、日本を利用しているのだと指摘します。

２０１９年3月6日の中国共産党機関紙である「人民日報」の海外版には、「宣言！　中日が共同建設する『一帯一路』がタイ国に決まった意義は深遠である」とまで書いてあったそうです。

実に予想通りの展開でした。日本がどんな建前を並べようと、たとえ、マシな事業を選んだつもりでも、相手は最初から利用する気でいるんですから、日本との合意なんて最初から気にしていません。日本政府は自国民の知的水準を、かなり低く見積もっているようです。

遠藤誉さんによれば、中国はさらに、欧州を中国5Gに取り込んでしまおうと目論んでいるといいます。「日本も参加する一帯一路は健全です。だから、5Gも大丈夫ですよ」というわけです。日本が長年築き上げてきた国際的な信用が、まんまと利用されるという、これまた予想通りの展開です。

すると、なんと、イタリアが一帯一路に参加することを正式に表明してしまいました。ここで思い出すのが、中学や大学で習った歴史の授業です。そこでは「第二次世界大戦は、ドイツ、日本、イタリアを中心としたファシズムの枢軸国と、アメリカ、イギリスなどを中心とした自由主義陣営の連合国の対決だった」と教わりました。

自由主義陣営といったって、世界中に植民地を持つ帝国主義国家群です。国内的には民主主義を標榜《ひょうぼう》していても、対外的には帝国主義政策を取り得るのです。政治体制は違っても、帝国主義国家群の覇権争いが、ことの本質です。

そこで、誰と組むのか？　必死で中立を保つのか、極めて重大な判断と決断が必要になります。そして、あのとき、ナチスドイツと組む選択をしたのが、イタリアと日本です。

今は、中国がナチスドイツの立ち位置をとり、そこに再びイタリアが乗ってしまいました。ドイツも、本質的には親中です。気がつけば、いつか見た光景に酷似しています。結局こうなってしまうのでしょうか？

この30年、日本経済の負けっぷりは見事なものがありました。なにしろ、世界のGDPに占める割合が18％から6％に低下したのです。あらゆる分野で負けまくりの日本企業は、大局的な国家の行く末よりも、目先のビジネス獲得に必死です。「中国に選んでいただける会社にならねば！」と言った、日本を代表する自動車会社の社長の表情にそれがよく表れています。

しかし、もし、中国のAIや5Gが勝利して、自動運転が中国のシステムで動くようになったあかつきには、中国は、日本車を走らせようなんて毛ほども思っていません。日本の自動車会社は、異業種が設計した車の部品を供給する立場に甘んじているでしょう。

いずれにしても、自国の運命は自国の判断に委ねられているのです。難局に際して誰と組むかは、自主的に決めなくてはなりません。

目先のビジネスで一帯一路に色気を示しても、利用されるだけされて、行きつく先は「終わった国」としての属国化です。先のスティーブン・バノン氏は私に、安倍首相は中国の脅威を深く理解していると語りました。その安倍政権もついに終わり、安倍政権の外交安全保障政策を引き継ぐと言う菅政権となりました。はたして日本政府は、本当に中国の脅威を正しく理解しているのでしょうか？　八方美人的な態度に終始すれば、国民が大きな犠牲を払うことになるでしょう。

対中忖度事業を洗い出せ！　日中植林事業は国民を愚弄している

先般、日本学術会議が大きな話題になりました。推薦された6人の学者を菅首相が任命拒否したことから、「学問の自由への政治の干渉だ」と大騒ぎになったのです。

矛盾した話です。学問の自由を強調するなら、特別公務員になって国から給与をもらうべきではありません。それに、任命されなかったからといって、個人の研究が制約されるわけでもありません。

「好きな研究をして、好きなように政府を批判させろ！　すべて無制限に受け入れて、公務員の身分と給与はよこせ！」

完全な甘えです。そもそも、昭和24年の占領下で作られた組織が、そのまま今日まで存続している方がおかしいと言えるでしょう。これまでにも見直しの議論がなされましたが、結局先延ばしされてきました。

民営化しろ、という声もあがっています。しかし、名簿を見ると、理系から文系まで、さまざまな研究分野がごちゃ混ぜになっていて、そもそもひとつの団体を形成する意味があるのか疑問です。そして、仮に民営化したからといって、勝手に好きなことをやっていいというわけではありません。なぜか？　安全保障の問題があるからです。

彼らは中国科学技術協会と覚書を交わしているそうですが、日本の技術がどんどん流出していることは間違いありません。そして、21世紀の今日、民間用技術と軍事用技術の境界線は、ほぼなくなっています。これを軍民融合と言います。軍事向けの研究はしない、などと言っても、それは時代遅れの発想です。日本から吸い取られた技術は、当然ながら、人民解放軍の近代化や最新兵器の開発に利用されるのです。

ですから、民営化しようとしまいと、中国側に機微な技術を渡した人間は罰せられる法律を作らなければなりません。日本学術会議を巡る議論は、2周遅れだと言っても過言ではないでしょう。

まさに前世紀の遺物とでも呼ぶべき日本学術会議ですが、似たようなものは他にもたくさんあります。そのひとつが、私が２０１８年末から追いかけている、「日中植林事業」です。先日は、次のようなニュースがありました。

「黄砂対策の植林事業　一度も実施せず約60億円未活用　会計検査院」（NHK、2020年10月9日）

ここでは、「中国から飛来する黄砂への対策などとして、国がおよそ60億円を拠出し、日中両国の団体が現地で植林を行う事業が一度も実施されず、多額の拠出金が活用されないままになっていることが、会計検査院の調査で分かりました。確実性がないまま手続きが進められたためで、外務省は『実施に向け速やかに対処したい』と話している」とあります。

国は、中国から飛来する黄砂への対策などとして植林事業を進めていて、このうち日中両国の団体が中国で行うものと、東南アジアなどの第三国で、現地の団体とも協力して行うものの2つの事業に対し、東京にある財団法人「日中友好会館」を通じて、およそ60億円が拠出されています。

会計検査院がこの事業について調べたところ、平成27年度の開始から4年以上たっているのに事業がいちども実施されておらず、およそ60億円の拠出金が活用されないままになっていることが分かりました。

外務省は「中国側も拠出金を負担することを前提としていたが、負担の具体的な方法などで中国側と協議がまとまらず、資金が拠出されなかったため」としていて、会計検査院は確実性がないまま手続きが進められたことが背景にあると見ています。

今後の対応について、外務省は先のように「現在、中国政府と協議を行っており、実施に向け速やかに対処したい」と話しています。

このニュースを聞いて、私は首をかしげざるを得ませんでした。私が調べた内容と著しく違うからです。私は2018年10月の安倍首相訪中をきっかけに、中国に忖度した無駄な事業がたくさんあることに気づきました。その中のひとつが、日中植林事業だったのです。

「日中植林事業」と聞けば、10人中10人が日本人の団体が中国へ出向いて中国の緑化に貢献する事業だと思うでしょう。ところがこの事業は、なんと中国人の団体を日本にお呼びするのです。約1週間の訪日日程を組み、その中で、植樹活動を始め、環境および防災に関するセミナー、企業や関連施設の視察などを行い、被招聘《しょうへい》者の環境および防災意識の啓発と対日理解の一層の促進を図るといいます。ネット上のサイトには「森林セラピー体験の模様」として、参加者が木の下で天を仰いで伸びをしている写真が掲載されています。東京タワーや東京スカイツリー見学が含まれているものまであります。

東徹参議院議員

私は複数の動画番組や寄稿文でこの事実を告発し、さらに複数の政治家に説明して歩きました。その中で、日本維新の会の東《あずま》徹《とおる》参議院議員が2019年6月10日、参議院決算委員会でこの件を取り上げて質問してくれました。

東議員事務所がさらに調査し、提出された資料を見て私は目を

日中植林・植樹国際連帯事業　2019年青島市青年代表団の旅程案

日時			活動内容	訪問地
3月10日	日	午後	MU535　10:25 青島発— 13:30福岡着	福岡～山口
			小倉城庭園参観	
			オリエンテーション	
3月11日	月	午前	下関市役所表敬訪問	山口
		午後	植樹活動	
			下関市立大学訪問	
			門司港レトロ地区参観	
3月12日	火	午前	下関市消防防災学習館「火消鯨」視察	山口～福岡
		午後	北九州市環境ミュージアム視察	
			下関青年会議所表敬訪問/懇親会	
3月13日	水	午前	大阪へ移動	福岡～大阪
		午後	おおさかATCグリーンエコプラザ視察	
			茶道体験	
3月14日	木	午前	MU2060　10:00 関空発—12:25青島着	

疑いました。それによると、平成29年度には「日中植林・植樹国際連帯事業」の名のもとに15の日本訪問ツアーが組まれ、合計994名の中国人が訪日し、6億5千万円が拠出されました。そして、その15組のうち、9組が植えた樹木の数は、なんと「各1本」だったのです。

最も多く植えたケースでは、埼玉県・島根県などを訪れた251名の団体客が植えた15本で、平成29年度全体では、たったの60本です。これでは「記念植樹」に過ぎません。

日本政府はこれを「植林事業」と呼び、平成27年度には90億円の予算を拠出し、毎年数億円ずつ取り崩しながら継続しているのです。想像を絶する浪費と言わざるを得ません。東議員は「このような事業は直ちに中止し、残りの予算は国庫へ戻すべきだ」と強く主張しました。それに対して、河野外務大臣と安倍総理大臣は、それぞれ以下のように回答しました（山岡が要約）。

河野外相「これはもともと、日中民間緑化協力委員会という、小渕基金を引き継ぐ、日中友好会館による中国の植林植樹事業であるが、環境や防災、地球規模の課題などについて日本の知見を共有すべく、青少年交流事業、日中大学生対話、世界津波の日高校生サミット、などのイベントに拠出されている。しかしながら、ご指摘の通り、日中に限っていないのに日中の事業と呼び、植林に限っていないのに植林事業と呼ぶのは極めてミスリードである。青少年の相互理解、対日理解促進のために重要な事業ではあるが、名称の変更や、内容の調整を含め、気をつけてやっていきたいと思う」

安倍首相「今のやりとりを聞いていて、当初の目的とは必ずしも合致しない予算の支出があったということであったが、海外の理解を増進するという重要な役割があるとのことであるが、透明性を失していたということもあり、事業名との関係において、しっかりと河野大臣のもと、見直すべきは見直す必要があると考える」

日中植林・植樹国際連帯事業　平成29年度の主な活動

代表団人数	招聘期間	植樹場所	植樹本数
21	2017.6.25 ～ 7.1	新潟県	1
24	2017.7.2 ～ 7.8	三重県	1
100	2017.7.10 ～ 7.17	愛知県	3
4	2017.7.26 ～ 7.29	東京都	1
47	2017.9.17 ～ 9.24	埼玉県	1
24	2017.9.19 ～ 9.25	山梨県	1
29	2017.10.15 ～ 10.21	静岡県	1
150	2017.10.25 ～ 11.1	奈良県・佐賀県	4
34	2017.11.6 ～ 11.12	広島県	1
135	2017.11.19 ～ 11.26	宮城県・山梨県	13
50	2017.11.27 ～ 12.1	宮城県	3
251	2017.11.28 ～ 12.4	埼玉県・島根県等	15
93	2017.12.6 ～ 12.13	岡山県・長野県・宮城県	13
5	2017.12.11 ～ 12.15	兵庫県	1
27	2018.3.11 ～ 3.15	山口県	1

この「日中民間緑化協力委員会」とは何でしょうか？　ウィキペディアによれば、中国の水害の抑制と砂漠化防止および環境保護に寄与することを目的に設立された、日中2国間の国際機関とのこと。その事務局とされるのが「日中緑化交流基金」で、平成11年、当時の小渕首相が日中友好の礎《いしずえ》となることを願って100億円の予算をつけたことから、「小渕基金」と呼ばれています。

そして、実際の運営を行うのが公益財団日中友好会館という別の団体で、最近まで江田五月《さつき》氏が会長を務めていました。江田氏は、２００８年1月8日に訪日した米国下院議員のマイク・ホンダに面会し、ホンダが慰安婦問題について日本政府に公式な謝罪を要求する下院１２１号決議の提出を主導し、議決させたことに対して謝意を表明したとされる人物です。

また、小渕優子議員の名前も役員名簿に見られます。お父さんが立ち上げた事業を守っているのでしょうか？

この事業は、もともと日本が中国の荒れ地に植林する事業としてスタートし、平成26年度までに、植林面積は累計で6万5千ヘクタールに達したといいます。その後、資金の減少に伴い、日本政府が中国政府に対して共同出資を持ちかけましたが、拒否されてしまいました。そこで打ち切るべきだったのですが、日本政府は、中国だけが対象だった事業を第三国にも広げ、平成27年度予算では90億円の補正予算を計上し、前述したような中国人団体による日本訪問ツアーを始めたというわけです。

3兆3千億円を費やした対中ＯＤＡ以外にも、こんなことをやっていたのです。国民が知らないところで外国に貢《みつ》ぎ続ける日本政府の姿は異様ですが、利権を手放せない人々が大勢いるのでしょう。

さらに、先ほどのＮＨＫの報道は、事実を正確に伝えていないと思います。60億円の予算をつけたのではなく、90億円から毎年使い続けて、現在60億円が残っている、というのが正しいはずです。また、外務省は今さら、中国での植林事業を再開しようなどとするべきではありません。このほかにも、次のような、無駄としか言いようのない事業があります。

「中国若手行政官等長期育成支援事業（招聘）」

中国の若手官僚に日本に留学（修士課程2年間）していただき、親日派の官僚を育成する。交通費、滞在費、学費、同窓会費用まで、すべて日本政府が負担。

2017年度：3億4993万円、2018年度：3億3540万円。

「対日理解促進交流プログラム『JENESY2018』（招聘）」

中国や韓国などから、対外発信力を有し将来を担う人材を招聘し、政治、経済、社会、文化、歴史、外交政策等に関する対日理解の促進を図るとともに、親日派、知日派を発掘する。平成30年度規模、約3500人。

2017年度：2億1969万円、2018年度：2億838万円。

『日中共通課題理解促進事業（招聘）』

日本および中国に共通する課題を取り上げ、日中関係者間における意見交換や視察を実施することで、共通認識の醸成と理解促進を図ることを目的とする。

2017年度：4283万円、2018年度：3862万円。

『中国高校生長期招聘事業（招聘）』

日中関係の未来を担う高校生を中心とする青少年の交流を目的とする。37名の中国人高校生が日本の高校で寮生活、ホームステイを送りながら約1年間の学校生活を経験する。

２０１７年度：６７６６万円、２０１８年度：７２７０万円。

これらは、交流事業と言いながら、実際には招聘事業です。つまり、お呼びしてもてなすだけの事業なのです。すべて廃止して国庫に返納した後に、自衛隊の待遇改善に充てた方が、よほど有意義でしょう。

河野太郎大臣が行革に取り組むというのなら、まさにこれらを即刻停止していただきたいと思ったのですが、残念ながら日中植林事業に手がつけられることはありませんでした。

私は諦めずに鷲尾英一郎外務副大臣にも相談しましたが、「不信を買われても仕方がないと外務省に伝えます」という返答だけで終わってしまいました。

後日、ある方面から聞いた話では「あれは二階さんマターだから、誰も手をつけられない」ということでした。これが日本の現実です。

天安門の大失態――日本は歴史をやり直せるか？

１９８９年６月４日の天安門広場における虐殺事件。民主化を求める学生たちを、人民解放軍の戦車がひき殺しました。そして、国際社会で孤立し、窮地におちいった中国に救いの手を差し伸べたのが、日本でした。

江沢民に乞われるままに天皇訪中を実現し、国際社会の中国包囲網を解くきっかけを作りました。しかし、日本のおかげで息を吹き返した中国は、日本に感謝するどころか、反日教育を徹底させ、日本から莫大な支援金（ＯＤＡなど）と、技術をむしり取って行きました。

その後も日本政府は喜々として、中国が欲しがるものを与え続けました。その間、中国はずっと、「弱く貧しい」ふりをし続けました。

やがて、世界中から金と技術を集めて超大国となった中国は、建国以来胸に秘めていた世界支配計画の実現に向かってラストスパートをかけ、世界が我に返ったときには、止めようがない勢いになっていました。

当時の日本の大きな判断ミスが、中華帝国の逆襲に道を開き、今日の危機を招いたと言っても大げさではありません。

先日、時事通信が、秘密指定を解除された当時の外交文書を入手して、そこに書かれていたことを報道しました（「対中国『人権より大局重視』民主化弾圧も『温かく見守る』―天安門事件外交文書」JIJI.COM　2020年9月20日）。

そこにはなんと、日本は西側諸国による対中共同制裁に反対し、中国を「息長く、かつ、できるだけ温かい目で見守っていく」と記してあったのでした。

記事には「事件5日後の6月9日、北京の日本大使館は外相宛ての大至急電報で『諸外国の対中圧力』は『逆効果となり（中国は）ますますその対外態度を硬直化する危険がある』と指摘。『中国政府のせん動により、国民の間に排外思想が広がる可能性すら考えられる』と意見具申した」とあります。

日本大使館が、ものの見事にサイレント・インベージョンされていたことが分かります。もちろん、当時の中国政府にとって、北京の日本大使館こそが最優先のターゲットだったはずです。日本大使館は北京の伝書鳩にされていたのでしょう。さらに記事は続きます。

「同22日に作成された極秘文書『わが国の今後の対中政策』には、『わが国が有する価値観（民主・人権）』より『長期的、大局的見地』を重視し、中国の改革・開放政策を支持すべきだと明記。その上で『今次事態の衝撃がなるべく小さくなるよう対処』するとともに、『西側が一致して対中非難等を行うことにより中国を孤立化』することは『得策ではない』と基本的考えを記していた」

なんと、民主主義や人権は後回しでよい、と明言しているのです。明確に、自国民を戦車でひき殺す独裁国家への支持を打ち出していました。これでは、「日本は人権にうとい国」とのそしりを受けても仕方ありません。

そんな日本を見て、江沢民は感謝するどころか、侮蔑していたことでしょう。だから、日本を利用して国際社会に復帰するや否や、苛烈な反日教育を開始しました。

それから30年以上の時が流れ、中国はいよいよアメリカから覇権を奪い、世界支配を実現する意思を隠さなくなりました。世界は目に見えぬ「第三次世界大戦」に突入したのです。

そんな最中、安倍総理が辞任、菅内閣が誕生しました。そして、米国シンクタンクCSISから親中派と名指しされた二階幹事長が留任となりました。

その二階幹事長は、2020年9月17日に開かれた石破茂氏の派閥のパーティで、習近平国家主席の国賓訪日について「中国とは長い冬の時代もあったが、今や誰が考えても春。訪問を穏やかな雰囲気の中で実現できることを、心から願っている」と述べたそうです。

さらに新型コロナ蔓延で中止になった4月の習氏訪日に言及し「世界の平和と繁栄を日本と中国が中心となって共に成し遂げる、いわゆる『共創』という決意を固めることになっていた」とも述べたとのこと（「二階氏、日中関係『誰が考えても春』習氏訪日に期待感」朝日新聞デジタル、2020年9月17日）。

実に見事な倒錯ぶりです。しかし、この醜態を、二階氏個人の問題に矮小化《わいしょう》することはできません。日本政府が正式に北朝鮮による日本人拉致を認めたのはいつだったか、ご存じでしょうか？　１９８８年3月26日、当時の梶山静六国家公安委員長が国会で、一連の行方不明事件は、恐らくは北朝鮮による拉致の疑いが十分濃厚だと述べました。これは、天安門事件が発生する1年前です。

つまり、日本政府は、自国民の拉致という重大な人権侵害と国家主権侵害を長年放置し、やっと国会で問題の存在を認めるようなお粗末さに加え、隣国で発生した重大な人権侵害についても目をつぶって、北朝鮮と同じ共産党政権を擁護していたのです。

敗戦後の日本は本当に病《や》んでいました。その回復の経過はとても緩慢でした。そして、まだ病巣が主要な臓器に残っています。その象徴が二階氏なのでしょう。

拉致被害者の横田めぐみさんのお母さん、早紀江さんの言葉が胸に刺さります。

「日本が一丸となり、拉致事件という『国家の恥』を一刻も早くすすいで、日本のみならず、世界にとって幸せな未来がもたらせることを願ってやみません」（「〈めぐみへの手紙〉菅首相は必ず行動してくれると期待します」産経新聞、２０２０年9月20日）

そう、人権をなおざりにして、中華帝国というモンスターを作り上げたこと、北朝鮮による拉致問題を解決できないこと、これらはまさに国家の恥です。

歴史を変えることはできません。しかし、私たちには、「やり直す」というオプションが残されています。日本は歴史をやり直せるか？　それは私たち次第です。国民として、有権者として、これ以上、日本政府が恥の上塗りをすることを絶対に許してはなりません。

二階さん、拉致被害者救出は眼中になさそうですね？

2019年4月、アメリカで中国人産業スパイが捕まりました。日テレNEWS24（4月24日）では、次のように報じられました。

「アメリカの司法省は23日、GE（＝ゼネラル・エレクトリック）の企業秘密を中国側に渡した産業スパイの罪で、中国系アメリカ人と中国人の男2人を起訴したと発表した。中国政府が支援したと主張している」

GEと言えば、有名なジャック・ウェルチ氏の時代に家電製品から完全撤退し、ハイテク分野に特化したアメリカ有数の企業です。

容疑者のうち、中国系アメリカ人はGEの元技術者で、GEから企業秘密のタービン技術を盗み出し、甥《おい》の中国人実業家に渡した疑いが持たれているとのこと。2人は「中国企業を通じて中国政府から経済的支援などを受け、中国の当局者と連携していた」ことが疑われているそうです。

留学生や産業スパイ経由でアメリカからハイテク技術を吸い出し、ついには自国のハイテク産業を世界ナンバーワンにしようと目論む中国に警戒を強めるアメリカ。両国の対立は決定的なものとなりました。一方、その23日、自民党の二階幹事長は翌日からの訪中を前に記者会見を開き、次のように語りました。

「日中関係は双方の努力によって、だんだん良い方向に進展しつつある。さらに強力に取り組んでいけるように努力していこうということを、中国側と十分話し合いたい」

そして、中国が進める「一帯一路」のフォーラムにも出席することを明らかにし、こう言い放ちました。

「米国の機嫌をうかがいながら日中関係をやっていくのではない。日本は日本として、独自の考えで中国と対応していく。米国から特別な意見があれば承るが、それに従うつもりはない」

二階さん、ここまで言ったら、もはや親中のみならず、反米と見なされても仕方がないですね。きっと忘れているか、まったく関心がないんでしょうね。日本が北朝鮮による拉致問題を自力では解決できず、トランプ大統領のアメリカにすがっていた事実を。

拉致された自国民を自国の軍隊で取り返しに行けない日本は、同盟国で超大国のアメリカに泣きついています。これは、はっきり言って恥ずかしい状態ですが、憲法の制約もあり、仕方がありません。

トランプ大統領は、安倍首相のお願いを聞き入れて、シンガポールでもハノイでも、金正恩委員長に日本の拉致問題解決の必要性を強調してくれました。

安倍首相も気を使って、トランプ大統領をノーベル平和賞候補に推薦しました。これも情けない感じがしますが、はっきり言って、これが日本の置かれた立場であり、実力なわけです。

アメリカを筆頭とする自由主義陣営が共産主義独裁国家に敗れることがあれば、日本という国も消滅し、倭人自治区となるでしょう。そのアメリカが、中国の覇権主義とスパイ行為を警戒して対立姿勢を強め、世界中で「一帯一路」が、露見したその体質ゆえに警戒されているときに、「アメリカの意見に従うつもりはない」と啖呵《たんか》を切る二階さん。

習近平主席にお願いして拉致問題を解決する秘策をお持ちなんでしょうか？　それとも、拉致問題なんて眼中にないのでしょうか？

そして、二階さんが中国へ渡った24日、尖閣諸島の接続水域で中国海警局の船4隻が航行しているのが、海上保安庁の巡視船により確認されました。これで13日連続となりました。二階さん、これをやめろと要求するどころか、6月に大阪で開催されるG20に習近平主席来日の確約をもらって大喜びのようです。日中は「正常な関係に戻った！」と。

私は、中国がオーストラリアやニュージーランドで今なお繰り広げている浸透工作（サイレント・インベージョン）の凄まじさを知っているので、中国が「中華帝国再興の夢」というスローガンのもとに進める覇権主義を諦めない限り、「正常な関係」などあり得ないことを確信しています。

あからさまな二股外交が破綻するとき、塗炭の苦しみを味わうのは日本国民です。二階幹事長の言動に違和感と危機感を覚えない国民が大多数を占めるのであれば、オーストラリアやニュージーランドの心配をしている場合ではなく、日本に対する工作はすでに完了していると判断すべきでしょう。

これだけは、はっきり言っておきましょう。

「拉致された自国民を救い出す決意がない人間に、政治家を続ける資格はない」と。

安倍総理への手紙——今は皇室を守るべきとき

さまざまな論者、識者、および自民党内部からの反対にもかかわらず、安倍総理は2020年の桜が咲くころに、習近平国家主席を国賓として日本に招く決意を固めていました。

私は一貫して習近平主席の国賓来日に反対してきましたが、2019年12月、改めて正式に反対の意見を述べた書簡を議員会館の安倍事務所に送付しました。

安倍総理は言論誌上のインタビューなどで、中国に対して毅然とした態度で立ち向かう決意であることを強調していました。しかし、国際情報戦の観点からすれば、安倍総理がどう応じようとも、天皇陛下が笑顔で習近平主席を迎える写真が撮られたら、それでジ・エンドなのです。

安倍首相がやるべきことは、ひとりで習近平主席に立ち向かいながら、皇室を中国から遠ざけることによって、お守りすることでした。それは、どういうことでしょうか？　以下に、安倍総理にお送りした書簡を掲載いたします。この考え方は、政権が交代しても変わることはありません。

令和元年12月23日
内閣総理大臣 安倍晋三殿

平素より国政への粉骨砕身の取り組み、心より感謝申し上げます。

このたびは、来春に予定されております習近平主席国賓来日に反対の立場から、僭越ながらご意見申し上げたく、レターをしたためさせていただきました。

総理が月刊誌等において、中国に対しては毅然とした態度をとり、言うべきことを言う意思を表明していらっしゃることは承知しております。しかし、問題の本質は全く別のところにあります。日本が最も苦手とする国際情報戦の観点です。

国際社会では、いまだに日本を貶め、同盟を分断する目的の反日プロパガンダが横行しております。慰安婦、徴用工、南京事件など、さまざまありますが、かつての同盟国ドイツでさえも、昭和天皇をヒトラーと組んだファシストとして貶めるパターンが見受けられます。慰安婦も徴用工も、ヒトラーと組んだファシスト、ヒロヒトの指揮のもとに行われた蛮行だというプロパガンダです。ヒトラーと昭和天皇が一緒に写る写真がないのが、せめてもの救いと言えましょう。

周知の通り、米国は覇権国家の地位保持のために挙国一致で中国との対決姿勢を明確にしており、今後、中国の人権問題がクローズアップされることは間違いありません。ウイグル人弾圧に関しては、習近平主席が直接指示していることが機密文書により明らかになり、香港で逮捕され、行方不明になっている学生たちへの残酷な仕打ちが暴露される日も遠くないでしょう。習近平主席が21世紀のヒトラーと見なされるようになるのは必定《ひつじょう》です。かかる状況において習近平主席の天皇陛下謁見を許し、天皇陛下が笑顔で習近平主席を迎え入れる写真が撮られたらどうなるでしょうか？

まず、中国国内で、「習近平主席が日本を味方に引き入れた外交成果」として、最大限利用されます。

そして、いずれ米中対決が世界中を巻き込んで本格化し、最終的に自由主義陣営が勝利した際には、「かつてヒトラーと組んだように、独裁者習近平と手を組んだ日本の天皇」として反日プロパガンダに最大限利用されるでしょう。つまり、天皇陛下は二度、政治的に利用されることになります。その結果、今後１００年、２００年と日本の皇室が貶められる結果となります。かかる事態におちいった際、「毅然として言うべきことは言った」などということは、国賓として招いた事実、そして、天皇陛下が笑顔で迎え入れて一緒に写った写真の前には、説得力を持ち得ません。取り返しのつかない日本史上の汚点となり、安倍政権が終了した後も、天皇家を敬愛する日本国民の心を永遠に傷つけ続けるでしょう。いちいち政権に責任が取れる問題ではありません。

このような計り知れないリスクが存在することが自明の理でありながら、なおかつ習近平主席を国賓として招き、天皇陛下への謁見を許すことが国益に資するというお考えでしたら、ぜひとも納得がいくご説明をいただきたく、お願い申し上げます。

情報戦略アナリスト　山岡鉄秀

中国武漢発の新型コロナウイルスによるパンデミックによって習近平国賓来日が実現せずにいることは、なんとも皮肉です。しかし、もし実現していたら、歴史に残る汚点となっていたことでしょう。日本の政界はすでに深くサイレント・インベージョンされています。これを阻止するのは国民の責任と言っても過言ではありません。

中国が豪州に大規模サイバー攻撃。日本の最大の弱点とは？

2020年6月、オーストラリアのモリソン首相は緊急記者会見を開き、オーストラリアが大規模なサイバーアタックを受けていることを国民に知らせました。

攻撃の対象は連邦政府のみならず、地方政府、教育機関、医療機関、研究機関に至るまで、あらゆる分野にわたっており、その洗練度と規模からして国家による攻撃であることは確実としながらも、中国を名指しすることは避けました。

しかし、専門家やメディアは中国による国家的な攻撃であることをまったく躊躇せずに指摘しました。一方の中国政府は直ちに関与を否定し、反中プロパガンダだと非難しました。

私は、中国がやったと思います。なぜならば、これまでもずっとやっているからです。

モリソン首相も、「このような攻撃は新しいことではないが、規模が大きくなっている」と発言しました。豪州では以前から、人民解放軍の一部と見られる部隊によるサイバー攻撃が認識されていました。高度に洗練されており、侵入してから変異して痕跡を消し、乗っ取ったＰＣからウイルスを仕込んだメールを州政府に送ったケースが、最近も報告されていました。ですから、それをより大規模に行うことは容易に想像できます。

一部では、今回のサイバーアタックの主目的は、新型コロナウイルスに関するデータを盗むことではないかとも言われました。ワクチンを開発するために、外国の医療機関や研究機関が蓄積したデータは喉から手が出るほど欲しいからです。

中国による豪州への浸透工作を詳細に告発した『サイレント・インベージョン』の著者であるクライブ・ハミルトン教授は、「これは中国の豪州へのメッセージだ。自分たちは大きく、ちっぽけな豪州を罰する力があるというメッセージだ」と取材に答えて述べています。『サイレント・インベージョン』の出版から数年が経過しましたが、コロナ禍を経て牙を隠さなくなった中国に対し、豪州政府は屈しない姿勢を示し続けています。

さて、このようなサイバー攻撃を、日本が受けていないわけがありません。

実際、2020年初め、三菱電機が大規模なサイバーアタックを受けたと発表しました。当初、防衛関連情報は盗まれなかったと発表しましたが、後に、研究開発中の防衛装備品（高速滑空ミサイル）に関する情報を盗まれた可能性が高いと訂正しました。

三菱電機によれば、2019年3月に中国拠点内のネットワークに設置されているサーバーが攻撃され、中国にある端末経由で日本国内の拠点も攻撃されたとのことです。

なんと、公表するまで1年近くも時間が経っています。この「遅さ」が、日本の組織の最大の弱点だと私は思います。いや、公表されただけ、まだましだと言えるでしょう。

これは日本の文化に根差す問題なのですが、都合の悪いことは隠しておこう、という隠蔽体質があります。死亡者を出した三菱自動車のリコール隠しは論外ですが、シリアスな問題ほど、箝口令《かんこうれい》が敷かれる可能性があります。「絶対に口外するな」と上司に命令され、いよいよ隠しきれなくなってから、やむを得ず公表する、というパターンがあり得ます。

すでに攻撃されたことが分かっている三菱重工、NEC、神戸製鋼所など、いずれも伝統的な日本企業です。ですから、報道されず、話題にならないだけで、日本企業の情報はすでに盗み放題に盗まれている可能性が、かなり高いと考えた方がよいでしょう。

先般、ミサイル迎撃システムであるイージスアショアの導入が断念されましたが、その本当の理由が、中国が三菱電機から情報を盗んで開発した高速滑空ミサイルに対応できないからだったりしたら、全くシャレになりません。しかし、あながち笑い話では済まされないのです。

やっぱり経団連が日本を亡ぼす

2021年4月、第4波に襲われ、3度目の非常事態宣言が発出されてしまった新型コロナウイルス。日本も打撃を受け、尊い人命が失われました。しかし、日本には神風が2回、吹きました。

まず、死者の数がケタ違いに少ないこと。これには疫学上の理由があるはずですが、解明されておらず、ファクターXと呼ばれました。国民の衛生観念が高いのは大きな要素ですが、それだけでは説明できません。

そして、結果として習近平国賓来日が延期となりました。日本政府は新型コロナの感染が拡大中にもかかわらず、ぎりぎりまで習近平国賓来日を実現しようとしていました。その結果、中国からの全面入国禁止もなかなか実施しませんでした。ある国会議員から聞いた話では、自民党内では「早く中国からの入国を全面的に止めろ！」という声が多かったのですが、執行部が応じず、議事録に書くことすら拒否されたそうです。サイレント・インベージョンが深く進行しているということでしょうか。

もし、新型コロナのパンデミックがなかったら、習近平国賓来日が実現してしまったことでしょう。そして、天皇陛下と習近平氏が懇談する写真や映像が、世界中に拡散されていたことでしょう。

チベット人やウイグル人を弾圧し、香港を抑圧し、同盟国アメリカと事実上の戦争状態にある中国の元首を国賓で招いて歓待する。習近平をそのままヒトラーに入れ替えて想像してみてください。日本は正真正銘の裏切り者です。最悪の悪夢（worst nightmare）です。

中国発の新型コロナという厄災によって、習近平国賓来日という歴史的大失態を免れることができたとは、なんという皮肉でしょうか。

繰り返しになりますが、中国の仕掛けるサイレント・インベージョンの大きな特徴のひとつが、経済をインセンティブ（報奨）としながら、同時に経済を武器とすることです。その罠にまんまと引っ掛かる人々が、どの国にも存在します。金儲け至上主義のビジネスマンたちです。日本では、その象徴が経団連です。

経団連のホームページには次のように記載されています。少し長いですが、引用しておきます。

「経団連は、日本の代表的な企業１４４４社、製造業やサービス業等の主要な業種別全国団体１０９団体、地方別経済団体47団体などから構成されています（２０２０年４月１日現在）。

その使命は、総合経済団体として、企業と企業を支える個人や地域の活力を引き出し、日本経済の自律的な発展と国民生活の向上に寄与することにあります。

このために、経済界が直面する内外の広範な重要課題について、経済界の意見を取りまとめ、着実かつ迅速な実現を働きかけています。同時に、政治、行政、労働組合、市民を含む幅広い関係者との対話を進めています。さらに、会員企業に対し『企業行動憲章』の遵守を働きかけ、企業への信頼の確立に努めるとともに、各国の政府・経済団体ならびに国際機関との対話を通じて、国際的な問題の解決と諸外国との経済関係の緊密化を図っています」

なんと立派な団体でしょうか。これを読むと、あたかも経団連は幅広い視点から国益に寄与することを目的とした団体であるような印象を受けます。

しかし実際には、日本を再び孤立させ、破滅に追いやる原動力となる可能性が大です。経団連の実際の言動を見れば、長期的な日本の国益（安全保障）よりも、目の前の商売を最優先していることが分かります。そして、その動きに政権が追随してしまっています。

私がそのことを確信したのは、前述のように、2018年10月に安倍首相が財界人を引き連れて訪中したときのことです。2018年といえば、米中対立が誰の目にも明らかになった年です。米国からの締めつけに苦しくなった中国は、予想通り日本にすり寄ってきました。

中国の成長の原動力は、欧米の先進テクノロジーをあらゆる手段で吸収して自国経済および軍事力の拡大に活かすこと。欧米から締め出されれば、もちろん日本経由で吸い出そうとします。また、アメリカににらまれても日本は味方だと、国内に宣伝する必要がありました。

あまりにも想定内の中国の歩み寄りを見て、私は前述したように、チャンス到来と思いました。この機会に、日本政府はこう要求すべきでした。

「尖閣諸島への侵入をやめてください。また、国民への反日教育をやめてください。海外で活動する反日プロパガンダ団体を解散させてください。それなくして、真の日中友好は成り立ちません」

中国では連日のように、反日映画がテレビで放映されています。日本軍が寺院に押し入り、尼さんたちを強姦して殺害し、鍋料理にして美味《おい》しそうに食べる、などというシーンが、繰り返し出てくるとのことです。まず、こうしたことをやめさせなければなりません。

経団連と日本政府も、チャンスだとは思ったようです。しかし、正反対の反応をしました。

経団連の中西会長は言いました。

「中国は敵ではない！　中国は我々を求めている！」

そして、ここぞとばかりに、自らのめり込んでいったのです。

外務省の記録には次の記載があります。

「安倍総理は、日中の財界トップを含め、約１５００名の参加を得て開催された『第１回日中第三国市場協力フォーラム』に出席し、挨拶を行った。同フォーラムに合わせ、両国の政府関係機関・企業・経済団体等の間で、インフラ、物流、IT、ヘルスケア、金融等に関する52件の協力覚書が署名・交換された」

ここに書かれている「第三国市場での協力」とは何でしょうか？　そう、一帯一路に参加するということです。それは、言い方を変えれば、債務の罠に加担するということです。

前述の通り、中国が推し進める一帯一路は、「債務の罠」と呼ばれています。金を貸しつけてインフラ開発を申し出ますが、あくまで中心となるのは中国企業であり、大量の中国人労働者が押し寄せ、その地に居座ります。そして、借金の返済が滞れば、このインフラをカタとして奪われます。これでスリランカは港を失いました。この悪魔の手法に、日本企業も第三国で加担しよう、というわけです。ビジネス欲しさに。

しかし、中国発の新型コロナウイルスがパンデミックとなると、政府も慌《あわ》ててサプライチェーンの国内回帰を促します。中国に依存し過ぎていたことを認めざるを得なかったのです。

しかし、経団連の中西会長は、またもやこう発言しました。

「中国で作れないということではない。中国は非常に大きなマーケットで、良い関係にある。発言の仕方には気をつけなくてはならない」（NHK日曜討論　2020年5月24日）

とにかく中国様と一蓮托生でいきたいようです。

さらに、驚くべき事実が、青山繁晴参議院議員によって暴露されました。青山議員は、櫻井よしこさんが主宰しているネット番組「言論テレビ：君の一歩が朝《あした》を変える！（2020年6月5日）」で次のように語りました。

2012年12月、青山議員は再登板が決まったばかりの安倍さんとレストランで待ち合わせをした。安倍さんはめずらしく遅れてきて、それも、めちゃくちゃ怒っていた。「どうしたんですか？」と聞いたら「さっき経団連の会長と会ったとき、『あなたは第一次安倍政権のときのように、中国に厳しいことを言っちゃ駄目だ。二度とああいうことを言わないと、中国の言うことを聞くというのが、再登板後の安倍政権の支持の条件だ』と言われた」と。

このときの経団連会長は、住友化学の会長だった、故・米倉弘昌氏です。ウィキペディアによれば、「中日友好使者称号（2012年5月）、大連市名誉市民称号（2012年9月）、北京大学名誉博士号（2014年7月）」とあります。

彼は、尖閣諸島をめぐる日中関係の悪化と、中国における暴力的な反日活動について、次のように発言しています。

「経済界として困惑している。日本サイドの行動で引き起こされたことは非常に遺憾だ」（時事通信社2012年10月9日）

このように、完全に中国を擁護する発言をしています。

このような親中派経済界のドンたちの圧力に、安倍首相も抗しきれなかったようです。日本は、かつてナチスドイツと組んで壊滅したように、今度は共産主義独裁国家と組んで、滅亡への道を歩むのでしょうか。
経団連の望む道を歩めば、間違いなくそうなることでしょう。

さらばパナソニック！　なぜ日本企業は中国にのめり込むのか？

いよいよ世界は米中対決を軸に二分化される方向に進行しています。日本の報道では専門家も含めて「米中の対立が」などと他人事のような表現をしていますが、とんでもないことです。「永世皇帝」の習近平率いる中国は明らかに凶暴性を増しており、アメリカから世界覇権を奪う意図を隠そうともしていません。結果として、世界を二分する新たな冷戦構造が出現し、日本も自らの立場を明確にしなくてはなりません。

日本は安全保障をアメリカに依存していますし、一党独裁国家中国が支配する世界で日本は生きていくことができません。チベット、ウイグル、香港の惨状を見れば自明の理です。日本は毅然と自由主義陣営の責任ある一員として振る舞わなければなりません。この期《ご》におよんで、漁夫の利を得ようなどと姑息な考えを持てば破滅します。

こういうことは、世界情勢に関心を持っている方の目には明らかなのですが、日本企業の幹部には全く見えていないようです。新型コロナが露《あら》わにした中国の素顔に世界中が震撼しているときに、中国市場にますます、のめり込んでいこうとしているのです。

日本経済新聞の報道によれば、パナソニックは次世代通信規格「5G」向けの電子部品材料を中国で増産するために、約80億円を投資することを決めたそうです。日本や台湾でも同種の材料を生産しますが、5G需要の急拡大が見込める中国で、優先的に供給能力を高めるとのことです（「パナソニック、5G用部材を増産　中国で80億円投資」2020年6月19日）。

ご存じのように、現在アメリカは中国5Gの封じ込めに躍起になっています。前述の通り、5Gは現在の4Gの延長というよりも、次元の違う社会インフラになると言われています。街全体をインターネットで制御して究極の効率化を実現するスマートシティ構想も進んでおり、5Gは水道や電気と並ぶライフラインになっていきます。

もし、中国のような国が5G技術とインフラ提供で独占状態を実現したら、どうなってしまうでしょうか？　中国共産党にすべての情報が把握され、一瞬にして都市機能を停止させる力を与えてしまうことになります。つまり、一党独裁国家による監視社会が実現してしまうのです。

だからこそアメリカは、中国のファーウェイが製品を作れないように、台湾の半導体メーカーであるTSMCがファーウェイに最先端の半導体を供給できないようにし、工場をアリゾナに建設する計画も立てさせました。世界を席巻しつつあったファーウェイも、TSMCの最先端半導体がないと製品を作れません。これほど熾烈な戦いが繰り広げられているのが現状です。

ファーウェイの製品が売れなくなれば、当然ながら、ファーウェイに部品を提供している日本企業も打撃を受けることになります。ですから、日本企業は一刻も早く戦略を見直して、ファーウェイ依存を改めなくてはなりません。

現在の日本企業は、とっくに最終製品が作れない部品供給メーカーに成り下がっていますが、短期的な利益追求ではなく、長期的な戦略的判断を下さなくてはなりません。今がそのときです。

しかしパナソニックは、このような極めてクリティカル（危機的）な世界情勢を無視して、今さら中国にのめり込む決定をしてしまいました。これは、新冷戦下において中国側につくことを宣言したようなものであり、今後アメリカ市場から締め出されたり、ドル決済を禁じられてしまう可能性があります。また、中国に取り込まれ、中国の工場で生産された部品を使用するパナソニック製品は、重大なセキュリティリスクを抱えていると見なされるようになるでしょう。

実に嘆かわしいことですが、なぜ日本企業は、このような愚かな判断をしてしまうのでしょうか？　経営陣が、さまざまなトラップで絡めとられているのでしょうか？

それもあるでしょう。しかし、私はもっと根本的なところに、普遍的な問題が横たわっているような気がしてなりません。それは、先にも述べたように、日本人サラリーマンの「正しい」とされる生き方に起因するものです。

先日、もう15年以上も前からおつきあいさせていただいている一部上場日本企業の幹部の方と、久しぶりに食事しました。私の執筆活動に興味をもっていろいろと質問されるので、中国のサイレント・インベージョンと米中対立を軸とする現在の世界情勢について、お話ししました。

驚くべきことは、これらのトピックについて、この方の理解がゼロに等しかったことです。

長年、国際ビジネスにたずさわり、何百人もの中国人研修生を指導している立場で、です。

私が、中国が100年かけて世界覇権奪取を目指す「中国の夢」の危険性について説明しても、「でもさあ、世界の歴史って、そんなことの繰り返しなんじゃないの?」という返事。

「それはそうかもしれませんが、ご自身の子供や孫の世代が、一党独裁国家が支配する世界に生きなくてはならない事態におちいっても、かまいませんか?」

「でも君は、日本文化が外国の文化より優れているから、外国文化が浸透するのはけしからんと言ってるんじゃゃないの?」

「は? そんなレベルの話ではありません。我々は今も普通にフォークやナイフを使って食事をして、職場にスーツを着て行きますが、それを文化侵略だと見なしていませんよね? そういうレベルの話ではなくて、国家の主権が脅かされていることが問題の本質なのです」

「じゃあ、うちにいる何百人という中国人研修生も、手の平を返すことがあるのかなあ」

「中国の国防動員法をご存じありませんか?」

「知らない。中国は、開拓すべき市場としか認識していない。ずっと、与えられた枠の外では考えないようにしてきたからね」

きっとパナソニックの幹部もこんな感じなのではないでしょうか? 頭がいいとか悪いとかではなく、与えられた枠の中でのみ思考するように訓練されているのです。

日本のサラリーマンの「正しい生き方」とは、政治的なことはいっさい考えず、ただ目の前の業務に集中して成果を出すことです。

だから、海外で慰安婦像が建てられ、日系の子供たちが嫌がらせを受けるような事態になっても、「中国や韓国の顧客もいるから波風を立てたくない。政治的なことには関与できない」という態度に終始してしまうのです。ウイグル問題に対するユニクロの柳井正会長の態度も、これに属します。

しかし、私たちの生活は、どんな些細《ささい》なことも、政治なしには成り立ちえません。そして、国際的企業の経営者であれば、いや、たとえ国内の中小企業経営者であっても、大局的な視点から国際情勢を分析する力が不可欠なはずです。

先の戦争で壊滅した日本経済は驚異的な復興を遂げ、80年代にピークを迎えました。それは規格大量生産の時代でした。それから30年以上の年月が流れましたが、日本企業の多くはその成功体験の枠内でのみ思考するシングル・ループラーニングを繰り返して、今日に至っているのでしょう。学校教育もまた、相変わらず型通りの人間の大量生産を続けています。それが、世界トップ100社から日本企業が次々と姿を消していった根本的な理由ではないでしょうか。世界の変化に対応できないのです。

近い将来、長年日本を代表する家電メーカーだったパナソニックに「さようなら」を言わなくてはならない日が来るかもしれません。しかし、それはパナソニックという一企業の経営判断の問題にとどまらない、日本人の生き方の問題でもあるのです。

目前に迫る危機の時代を乗り越え、再度の大敗戦を避けるためには、日本文化の良いところは残しながらも、弱点を克服するカルチャーチェンジが必要なのではないでしょうか。そのことをパナソニックが教えてくれていると思います。

自民党外交部会による習近平国賓来日中止要請の致命的盲点と改善策

2020年6月30日、中国全人代の常務委員会で「香港国家安全維持法（香港国安法）」が可決され、同日のうちに施行されてしまいました。

可決と同時に施行も驚きですが、さらに驚嘆すべきなのは、法律の全文が施行されるまで公開されず、しかも、香港に適用される法律なのに、英語版がなかったことです。

そして「施行されてから公開された」全文を見て世界中が仰天しました。ある程度予想していたとはいえ、露骨な言論思想弾圧の意図が、ありありです。

さらに問題となっているのが、この法律が「域外適用」される可能性があることです。つまり、香港に住んでいない外国人が香港の外でこの法律を犯した場合にも、適用されるかもしれないのです。そうなると、問題になるのは、香港で大もめしていた「犯罪者引き渡し条約」です。これが締結されていると、「そいつは香港国安法違反だから、こちらへ引き渡せ！」と要求されかねません。

普通は、この手の条約には「自国民は除く」という条項がついていますが、その場合でも、日本に逃げ込んでいる民主活動家を守れなくなってしまうケースが想定されます。

オーストラリアも日本も、この条約を中国政府と交渉してきましたが、オーストラリアはこれを停止し、自国民に「不明確な根拠で拘束される恐れがあるので、中国へは行くな、すでに滞在している場合は、可能な限り早く戻ってくるように」という通達を出しました。日本政府はまだ交渉中ですが、さっさと交渉中止を通告すべきです。

さて、香港はこんな状況ですし、尖閣水域には連日、中国公船が侵入しているにもかかわらず、日本政府には、この期におよんで新型コロナでいったん延期になった習近平国賓来日を実現しようとする動きがあるのですから、心底あきれます。

しかし、自民党内にも危機感を持つ議員がいて、外交部会と外交審議会が政府に「習近平国賓来日中止を要請する声明」をまとめました。

もともと、自民党の部会レベルではまともな意見が出されるのですが、執行部に止められてしまうことが多いので、国民の目には、自民党＝親中・媚中政党に見えてしまいます。

今回も、部会をまとめる政調会（岸田政調会長）では了承されましたが、二階幹事長以下、二階派議員の抵抗によって文言の修正を余儀なくされ、党の最高意思決定機関である総務会で、党の正式な決議とされることはありませんでした。

では、二階派の抵抗によって、何がどう変更されてしまったのでしょうか？

オリジナル「習近平国家主席の国賓来日中止を要請する」

修正後「外交部会と外交審査会は、習近平国家主席の国賓来日の中止を要請せざるを得ない」

要するに、この声明は党全体の意思ではなく、特定の部会の意思に過ぎない、と言いたいわけです。

日本国民として、穴があったら入りたいほど恥ずかしいです。本来なら、こういうことは国会で、超党派で決議すべきですが、それどころか、自民党の中でさえまとめることができないのです。中止要請をまとめた議員たちは、憤懣やるかたありませんでした。

しかし同時に、「こんな文言の修正に意味があるのか？」という素朴な疑問も浮かびます。一般の国民にとって、部会、政調会、総務会とか言われても、何が何だか分かりません。まして、外国人にとってはどうでしょうか？　もちろん、分かりません。

その証拠は、本件を報じたAP通信の記事です。書いたのは山口真理さんという、反日的な傾向が顕著な日本人記者ですが、記事は外国人の視点で書かれていると思って問題ないでしょう。その記事、タイトル「日本の与党が政府に習近平の来日中止を求める」には、こう書いてあります。

「日本の安倍晋三が属する与党は火曜日（7月7日）北京による香港国安法の施行を受けて、習近平国家主席に日本訪問をキャンセルするよう政府に要請する決議を行った」

このように、日本のメディアで報道されているような文言の変更や、党全体の決議ではない、などという議論は、完全に無視されています。些末すぎて国際的には理解されないのです。外交部会が自民党全体を代表し得るかどうかなんてどうでもよくて、要は与党である自民党から要請が出されたことが大事なのです。自民党員は、まずこの点を理解しなくてはなりません。さらに、このような決議を出すにあたっては、同時に英訳版を出すのが常識です。公式な英語版を出しておかないと、海外の記者に恣意的に歪曲されてしまうリスクがあるからです。

そして、英語版を公開して流布させれば、世界はそれを与党である自由民主党の決議と受け取りますから、二階氏らの思惑などすっ飛ばすことができます。英訳において、「中止を要請せざるを得ない」と「中止を要請する」に違いはありません。日本語の言葉遊びにすぎません。

時を同じくして、超党派の議員で構成される「日本会議国会議員懇談会」が、同じような要請文を決議して、当時の菅官房長官に提出しました。こちらは任意団体ですので、私が決議文を英訳することにしました。

先の自民党に対しても、英訳すべきことを説明したのですが、いかんせん、そういう発想がなく、対外発信を考える部署もありません。自民党の国会議員には留学経験があって英語が堪能な人も複数いますが、組織としての発想が皆無なのです。決議を取ることはもちろん重要なのですが、肝心の対外発信に関する意識が全くない。これが致命的な盲点なのです。
以下に「日本会議国会議員懇談会による習近平国家主席国賓来日中止要請文」の英訳を掲載しますので、参考にしてください。自民党の声明文も英訳して外交部会に提出しましたが、日の目を見ることはありませんでした。

「コロナ」「尖閣諸島」「香港」。国賓来日には日中間に懸案事項が山積しています。

Novel Corona Virus, the Senkaku Islands, and Hong Kong. There are many pending issues between Japan and China on Xi Jinping's visit as a state guest.

日本会議と日本会議国会議員懇談会では、習近平中国国家主席の国賓としての来日が、再び外交交渉の俎上にのぼろうとしていることから、2月7日に発表した「国賓としての招聘を憂慮する声明」の第2弾として、「国賓来日の中止を求める声明」を連名で発表しました。

As Chinese President Xi Jinping's visit to Japan as a state guest is about to be brought up again as a topic for diplomatic negotiations, the Japan Conference and the

Assembly of Diet Members of the Japan Conference jointly released the "Statement Calling for the Cancellation of Xi Jinping's visit to Japan as a state guest" as the second installment of the "Statement of Concern about the Invitation of Chinese President Xi Jinping as a State Guest" which was released on February 7.

主席の国賓としての来日が、中国の国際宣伝に利用されることが明らかであることから、日本政府に対して、中国に毅然とした態度でのぞみ、国賓来日の中止と日中の懸案解決を最優先にすべきことを求めます。

Since it is clear that the President's visit to Japan as a state guest will be used by China for its international propaganda, we urge the Japanese government to take a firm stance against China and place the highest priority on the cancellation of the President's visit to Japan and the resolution of the issues between Japan and China.

習近平主席の国賓来日の中止を求める声明

Statement calling for the cancellation of President Xi Jinping's visit to Japan as a state guest

本年4月に予定された中国の習近平国家主席の国賓としての来日は、新型コロナウイルスの世界的な感染拡大により延期された。しかし今日、主席の国賓来日が、再び外交交渉の俎上にのぼろうとしている。

Chinese President Xi Jinping's visit to Japan scheduled in April this year as a state guest was postponed due to the global pandemic of the novel corona virus. Today, however, the President's visit to Japan is once again about to be brought up as a topic for diplomatic negotiations.

日中間には現在も、数多くの懸案事項が山積しており、中国に対する国際世論が厳しい現状では、習主席の国賓来日に国内外の理解は得られない。

A number of pending issues between Japan and China are still piling up at the present time, and with the current state of international public opinions about China, President Xi's visit to Japan will not be well received both at home and abroad.

第一に、新型コロナウイルスの世界的大流行の背景には、中国政府の情報開示の遅れと春節前の大量の中国人による国外移動があったと指摘されている。しかし中国政府は、今もその責任を認めていない。

First, it has been pointed out that the background to the global pandemic of the novel corona virus is the Chinese government's delay in disclosing the information about the virus and there was a mass exodus of Chinese nationals from the country before the Chinese New Year festival. However, the Chinese government still does not accept responsibility for this.

第二に、世界が感染の抑制に一丸となっている最中、人民解放軍は、尖閣諸島周辺海域で、軍と公船の活動を活発化させている。5月8日には、中国海警局の警備船が領海侵入し、操業中の日本漁船を執拗に追尾するという重大な挙動に出た。わが国の主権を侵害したこの危険な行為を断じて許すわけにはいかない。

Second, at a time when the world is united in its efforts to control the outbreak, the

People's Liberation Army (PLA) is escalating activities with its military vessels in conjunction with Chinese Maritime Police Bureau's security vessels in the waters around the Senkaku Islands. On May 8, a Chinese Maritime Police Bureau's security vessel engaged in a reckless action by invading Japan's territorial waters and relentlessly chasing a Japanese fishing boat. This dangerous violation of our sovereignty cannot be allowed to continue.

第三に、中国の全国人民代表大会常務委員会は、6月30日、香港への統制を強める「香港国家安全維持法」を可決した。これは中英共同声明にある、50年間の「一国二制度」と「高度な自治」を否定し、中国共産党一党独裁下に置く決定であり、欧米を始め国際社会から非難の声が高まっている。中国の振る舞いは、自由、民主主義、法の支配、人権尊重といった国際ルールから大きく逸脱しており、到底容認できない。

Third, China's Standing Committee of the National People's Congress announced on June 30 that the "Hong Kong National Security Law" which tightens China's control over Hong Kong was passed. This rejects 50 years of "one country, two systems" and "a high degree of autonomy" as stated in the Sino-British Joint Statement. This Chinese

Communist Party's decision to place Hong Kong under a single party dictatorship has been condemned by the West and the international community. China's behavior is a major deviation from international principles of freedom, democracy, the rule of law, and respect for human rights, and it is totally unacceptable.

中国の異常な姿勢は、来年の中国共産党結成１００年に向けて、ますます顕著となることが想定される。

China's extraordinary stance is expected to become more pronounced in the run-up to next year's 100th anniversary of the founding of the Chinese Communist Party.

こうした時期の国賓来日は、中国の体制強化と国際宣伝に利用されることが必至である。平成４年、上皇上皇后両陛下の中国ご訪問が、天安門事件後の国際的孤立からの脱却に利用された歴史を繰り返してはならない。今日、国賓来日を推進することは、わが国の国益に反し、日本が中国に屈したと世界から嘲《あざけ》りを受けよう。

It is inevitable that Xi Jinping's visit to Japan as a state guest at such a time will be used to strengthen the Chinese regime and promote its international propaganda. Japan's Emperor and Empress' visit to China was exploited by China to salvage herself from international isolation that followed the Tiananmen Square protests. We must not repeat the history of the past. Today, advancing Xi Jinping's visit to Japan runs contrary to Japan's national interest, and she will be ridiculed by the world for bowing to China.

政府は中国に対して毅然とした態度でのぞみ、国賓来日を中止し、日中の懸案解決を最優先にすべきである。

The government should take a resolute attitude toward China, not receive President Xi as the state guest, and make it a top priority to resolve the pending issues between the two nations.

令和2年7月7日　日本会議国会議員懇談会　日本会議

July 7, 2020　The Assembly of Diet Members of the Japan Conference　The Japan Conference

安保条約60周年日米共同発表で日本人が真剣に考えるべきこと

２０２０年１月19日で、日米安全保障条約が署名されてから60年が経ちました。１月17日には、茂木敏充外相、河野太郎防衛相、米国のポンペイオ国務長官、エスパー国防長官の４人の名前で、「日米安全保障条約の署名60周年に際する共同発表」が行われました。

内容を要約すると、「安保条約を結んだ先人たちの英知と勇気と先見の明に敬意を表し、今後も日米同盟を強化し、日米両国が共有する価値と諸原則を堅持するとの、ゆるぎない決意を改めて表明する」というものです。

安倍総理がどんなに支持層から反対されても習近平を国賓で招くと宣言する一方で、このような宣言が出される。政権内でも親中派と親米派のせめぎあいがあることが分かります。また、「日米同盟は自由で開かれたインド太平洋という両国が共有するビジョンを実現」というくだりがあるのは、明らかに強烈な対中牽制です。

もちろん、日本が自由民主主義国家であり続けることを望むならば、今はこの宣言通りに日米同盟を一層強化するしか道がありません。しかし、この機会に日本国民は胸に手を当ててよく考えるべきです。

まず、当たり前ではありますが、日米安保条約は集団的自衛権の行使にほかなりません。このことは新旧安保条約の両方に明記してあります。日本が戦後独立を果たしたサンフランシスコ講和条約に書かれている通り、独立を認めるということは自衛権を回復させることであり、自衛権は個別的自衛権も集団的自衛権も含みます。そこで、日本は独立を果たすと同時に日米安保条約に署名することで、日本の安全保障のために、さっそく集団的自衛権を行使したのです。

たとえ憲法9条があっても、日本中に世界最強の米軍が展開すれば、攻めてくる国はまずありません。自分自身の軍備は補完的なものにとどめて、経済活動に邁進して復興に努める。その戦略は一応成功しましたが、時代は変わります。ごまかしが通用する時代ではなくなりました。

ごまかしとは何でしょうか？　日本政府は、自らの安全保障政策の根幹が集団的自衛権に依拠しているくせに、「個別的自衛権は合憲だが集団的自衛権の行使は違憲」という意味不明の見解を表明してきました。それが平成27年になって、やっと平和安全法制で自衛隊法の一部を改正して、日本国の存立が危ぶまれる事態に瀕した際は限定的に集団的自衛権を行使できる、という解釈に変更しました。

日本政府は長いこと、集団的自衛権の名のもとに、日本と直接関係ない米国の戦争に巻き込まれたらたまらない、という本能的恐怖感に基づいて、「集団的自衛権」が存在しないかのようなふりをしてきました。その気持ちは、もちろんよく分かります。しかし、それがごまかしだと言っているのです。

国際法上、集団的自衛権の保有と行使が認められていて、日米安保条約はまさに集団的自衛権の行使なのですから、集団的自衛権が違憲だという議論は全く意味を成しません。違憲だというなら、さっさと日米安保条約を解消すべきです。実際には日米安保にべったりと依存し、民主党政権でさえ、尖閣諸島が安保条約の適用範囲だというヒラリー国務長官の発言に手をたたいて喜ぶありさまです。よく恥ずかしくないものです。

議論すべきは違憲か合憲かではなく、合憲を前提として、集団的自衛権をどのような局面でどこまで適用するか、です。平和安全法制はそういうことを考えざるを得なかったからやったわけですが、「国家存立危機事態」では曖昧過ぎます。タブーを恐れず、もっと個別具体的に考え、議論し続けなければなりません。今や集団的自衛権の適用範囲は宇宙空間にまで広がろうとしているのです。野党の「戦争法案」というレッテル貼りは、日本を侵略したい国の工作だと見なされても仕方ありません。

もうひとつ、勝手に「米軍が矛《ほこ》で自衛隊が盾《たて》」と言うのはやめるべきです。これを聞いたアメリカの軍人が怒っています。「日本は、俺たちだけに危ない仕事をやらせるつもりなのか！」と。さらに言えば、自分たちは手を汚したくない、他国を攻撃する嫌な仕事は米軍にやってもらおう、という発想が見え見えでもあります。

一方、日米安保条約は日本を軍事大国として再台頭させないための「瓶のフタ」だという言われ方をすることがあります。自衛隊が補完的役割に終始している限りは、この見方も一理あります。では、どうするのか？

米国の力は相対的には弱まっています。中国の覇権主義に脅かされる日本は、チベット、ウイグル、香港のようになりたくなければ、日米安保条約に象徴される日米同盟を強化し、なおかつ、自主防衛努力をして相対的な自立度を高めていくべきです。

今回の共同宣言はよかった。しかし、この機会によく考えて発想を変えていかなければ、日本はいつまでたっても「瓶の中の船」であり続けるしかないでしょう。

海外の政治家に「メンター(良き教師)」と呼ばれた最後の日本人総理

2020年9月、8年近くも続いた安倍政権が、とうとう終わりました。

世界中のリーダーから、安倍総理にねぎらいとお見舞いの温かいメッセージが寄せられました。中でもオーストラリアのモリソン首相は、ツイートで再度、安倍首相を「自分のメンター（良き教師）だった」と書きました。日本の総理大臣が外国のリーダーからメンターと呼ばれて尊敬されるのは快挙です。それこそが安倍首相のレガシー（遺産）でしょう。

モリソン首相は、安倍総理をツイッターでこう形容しました。

「豪州は真の友人である安倍氏に感謝する。安倍氏のリーダーシップ、見識、寛大さ、そしてビジョンは、当該地域と世界の平和、自由、繁栄を守ってきた」

私はこのモリソン首相のコメントを見て、個人的な友情に負うところが大きいのだろうと思っていたのですが、オーストラリアの全国紙ジ・オーストラリアンに掲載された論考を読んで驚きました。タイトルは「辞任した日本の安倍晋三は豪州の偉大な友人であり、この地域における信頼できる盟友だった」、筆者はベテラン外交ジャーナリストのグレッグ・シェリダン氏です。

シェリダン氏は、安倍首相が病気を理由に日本の総理大臣を辞職することは、豪州、アジア太平洋地域、そして世界にとって重大な損失だと言いきります。その理由は、安倍首相が豪州の戦略的重要性を理解して、豪州との関係強化に格別に心を砕いたからだけではありません。彼が高く評価しているのは、安倍総理がトランプ大統領と極めて良好な関係を構築し、時に雑に見えるトランプ大統領の欠点をうまく補いながら、米国との同盟関係を機能させ続けたことです。これは、アジアにおいて安倍氏以外には誰もできなかったと称賛しています。日本だけではなく、世界全体への際立つ貢献なのです。

そして、こうも述べています。キャンベラは、新しい日本の首相は安倍氏の政策を引き継ぐと想定しているが、新首相が誰であっても、安倍氏ほどのエネルギーを持ちえず、戦略的ビジョンを現実に転換する能力を持ち合わせていないだろう、まして、トランプとあのような深い関係を築くことはできないだろう、と。

安倍首相の辞任会見における日本のメディアの質問の愚劣さには辟易《へきえき》としましたが、海外のメディアは、このように冷静に分析した論評を載せていたのです。

そのモリソン首相は今、豪州の主権を守るために獅子奮迅の戦いを続けています。

モリソン政権は２０２０年12月、「外国関係法」を成立させました。この法律は、州政府、市、大学、研究所などが外国政府との間で結んだ協定を見直し、豪州の国益に反すると判断すれば廃棄できるという権限を連邦政府に与えるものです。

なぜモリソン政権はこの法律の早期成立を目指すのでしょうか？　もちろん、サイレント・インベージョンに対抗するためです。

前述したように、美しいメルボルンを擁するビクトリア州の労働党政権は、連邦政府の反対にも耳を貸さず、中国政府と一帯一路に参加する覚書を交わしてしまいました。外交は連邦政府の管轄であり、州政府が連邦政府の意向に反して外国政府と大規模なプロジェクトに関する合意を交わすのは憲法違反の疑いがあります。

ところが、ダニエル・アンドリューズ州首相は、モリソン首相やインテリジェンス機関から再三「一帯一路に参加することのリスクについて」のブリーフィング（説明）をオファーされていたにもかかわらず、無視し続けていたことが暴露されました。アンドリューズ州首相は無知なのではなく、確信犯的に中国と繋がろうとしていたのです。

そこで業《ごう》を煮やしたモリソン首相は、前述の法律を作ることを決意したのです。サイレント・インベージョンの脅威を排し、主権を守るためです。

この法律が成立すると、これまで各州が外国政府と結んできた１３０以上の合意事項が見直されることになると報道されています。主たるターゲットは中国でも、日本を含む、30以上の国々との合意が対象となります。現在わかっているだけでも、中国とは48、日本とは16、インドとは12の合意があるそうです。

この動きを受けて、アンドリューズ州首相は、「ビクトリア州は天然資源がなくて、中国人留学生に依存している。モリソン首相は他に得意先を教えてくれるんだろうな」などとコメントしています。日本でもそうですが、サイレント・インベージョンは地方からやってきます。アンドリューズ州首相は意図的にビクトリア州を中国直轄地にしてしまおうとしていたのかもしれません。

しかし、こうした批判を受けても、モリソン首相の決意は変わりません。今の日本に、国家主権を守るためにこのように毅然と戦う意思を持った政治家が何人いるでしょうか?

日本はモリソン首相を孤立させてはなりません。自由と民主主義を守る戦いは、実は数の上では劣勢なのです。２０２０年6月末にスイスのジュネーブで開催された国連人権理事会では、香港国家安全維持法に反対した国が27カ国であったのに対し、賛成した国は53カ国にのぼりました。これらの国の多くが一帯一路参加国です。

主にアフリカ諸国を始めとする発展途上国ですが、価値ある通貨を持っていないため、近い将来、人民元通貨圏として編成されてしまう恐れがあります。そのような背景にあって、日本は豪州を孤立させず、自由と民主主義を守る同盟の強化に努力しなくてはなりません。今の菅首相にそれができるでしょうか。

同盟国アメリカの一部に、「日本は本来の役割を果たしておらず、姑息にアメリカを利用している。同盟関係を見直すべきだ」という意見があります。

ワシントンDCにケイトー研究所（CATO Institute）というシンクタンクがあります。共和党寄りのシンクタンクですが、共和党以上に自由主義的で、小さな政府と世界情勢不干渉主義に傾いているという評判です。この研究所のダグ・バンドウ研究員が、２０２０年８月８日付で、「同盟国との問題：いくつかの国とは決別するときが来た（The Problem with Allies: It's Time to Unfriend a Few Countries）」という論文を発表しました。

その内容を簡単に言えば、「アメリカは多くの国と同盟関係を結んでいるが、その究極的な目的はアメリカを守ることだ。役に立たない国との関係は見直した方がよい」というものです。そして、「離婚候補」としていくつかの国を挙げています。真っ先にやり玉に挙げられたのがサウジアラビアです。

「サウジアラビアは天然資源を自らの享楽のために消費する王族が支配する王政国家で、民主国家ではないし、アメリカを含め世界中で、キリスト教やユダヤ教を悪魔化するイスラム原理主義の守護者だ。曲がりなりにも信教の自由と選挙があるイランより、ずっと悪い」

さらに、他の国への批判が続きます。

「モンテネグロは映画のロケ地になる美しい国だが、汚職がひどく、言論の自由は制限され、批判者は政府によって抑圧されている」

「ドイツはまともな国だが、ヨーロッパ最大の経済大国なのに、自国と欧州の防衛に貢献しようとしない。6年前、2024年までにGDPの2%を防衛費に回すと約束したのに、去年は1・38%に過ぎない」

「フィリピンのロドリゴ・ドゥテルテは最も露骨な反米大統領だ。20万人の死者を出したアメリカのフィリピン独立運動鎮圧に言及しながら、麻薬使用者や販売人に対する非合法の暴力や殺害をも奨励し、活動家やジャーナリストに対する暴力犯罪は無罪とする慣習を維持している。大統領就任初期にはアメリカを離れて親中になると宣言しながら、中国の船が昨年フィリピンの漁船にぶつかってこれを沈めると、突然、比米協定にしたがって中国と戦争をしろとアメリカにけしかけた」

「トルコは、ロシアの脅威を封じ、中東への架け橋となるという、ふたつの期待される役割を果たしていないどころか、ロシアにすり寄り、EUの信頼を完全に失っている」

このようにして、さらにいくつかの国への批判が続くのですが、その最後に挙げられるのが、日本なのです。

「日本はもちろんいい国だ。豊かで清潔で礼儀正しく複雑で異色で興味深い。しかし、隣接する中国と北朝鮮が軍事的に活発になっているにもかかわらず、日本はご都合主義で平和憲法の裏に逃げ込んでいる。そして、常に軍事的な大仕事はアメリカに依存している。世界第3位の経済大国でありながら、ＧＤＰの１％すら軍事費に回していない。日本が本当に中国に脅威を感じているなら、もっと自助努力すべきだ。第二次世界大戦は終わったのだ。日本には民主主義が深く根づいている。かつての敵も、日本により多くの役割を期待している。日本は太平洋における同盟の基礎となるべきだ。アメリカは、ただ乗りする国を友人に持つ必要はない」

これがアメリカの本音とも受け取れます。日本は安倍政権下においても、憲法に指１本触れることができず、憲法９条さえ守っていれば戦争に巻き込まれずに済む、と思考停止したままで現実逃避を続けました。その一方で「自衛隊は盾、米軍は矛」などと勝手なことを言っています。日本は中国と北朝鮮という現実の脅威に、至近距離で直面しているにもかかわらずです。

このような態度は、アメリカから見れば卑劣に見えるし、豪州から見れば頼りない。それでも、安倍首相の個人的資質で、日本が非難されて切り離されるような事態を防いできました。それは名人芸でさえあったかもしれません。

その安倍首相がいなくなった今、日本はどうなるのでしょうか？　同盟国アメリカに軽蔑されて孤立し、中華帝国に飲み込まれてしまうのか。それこそが、「安倍ロス」の本当の意味なのです。

今後、誰が日本の総理大臣となっても、もはや「メンター」と呼ばれることはないでしょう。むしろ、モリソン首相をメンターと見なして、彼から学んでいただきたいと思います。

真の敵は、既に国境の内側に存在するのです。

菅政権は日本を守れるか？　道州制を目指す政治家を信じてはいけない理由

２０２０年9月16日、菅義偉総裁が誕生しました。「令和おじさん」と呼ばれる好々爺《こうこうや》的な外観から、安倍政権の政策を継承しながら、そつなくこなすのではないかと、漠然と期待した人も多かったのではないでしょうか？

秋田の農家の長男として生まれ、地味ながら、地盤看板なしで政治家を志し、ついに自民党総裁にのぼり詰めた実力は、ダテではありません。権力闘争にも相当、長《た》けているはずです。内政面に強く、官邸に権限を集中させ、官僚の縦割りの弊害を打破する政治手法は継続していくでしょう。しかし、問題は外交です。自身のメールマガジン（9月5日）には、次のように書いています。

「我が国の安全保障が一層厳しくなるなか、機能する日米同盟を基軸とした外交・安全保障政策を展開していきます。国益を守り抜くため、『自由で開かれたインド太平洋』を戦略的に推進するとともに、中国を始めとする近隣国との安定的な関係を構築します。『戦後外交の総決算』を目指し、特に拉致問題の解決に向けた取組に引き続き全力を傾けます」

これを読むと、基本的に日米同盟を軸に安倍政権の外交政策を踏襲するように見せながらも、中国包囲網を構築するのではなく、対話を続ける姿勢を保とうとするのではないかと推測されます。それは、次の発言からも分かります。

「ハイレベルの機会を活用しながら、主張すべき点は主張して、ひとつひとつ懸案を解決していく」（9月12日公開討論会）

この7年8カ月の間、菅さん自身が安倍首相を支える官房長官という立場で、中国との懸案を何か解決できたでしょうか？　尖閣への侵入は激しさを増すばかりでした。ご自身が首相になったら、急に対話を通じて解決できるのでしょうか？

もし、習近平国賓来日を実現しようとしたら、菅さんの真の目的を真剣に疑わなくてはなりません。菅さんと二階さんは盟友関係。そして、菅さんの権力の源泉は、創価学会・公明党との太いパイプです。米国のシンクタンクCSISは、二階さんを親中派と名指しし、公明党と創価学会を、中国と憲法9条を守る同盟関係と形容しました。

この2者と密接に結びつく菅さんが、安全保障を念頭に中国とのデカップリング（切り離し）を進められるとは到底、思えません。おそらく米中の顔色を見ながら、どちらにもいい顔をする外交をしようとするでしょう。

むしろ、菅さんは正反対の方向、つまり、中国が望む方向へ日本を持っていってしまう可能性すらあります。その根拠は、菅さんが地方分権に非常にこだわっていることです。彼は、こんな発言もしています。

「自立した国。もっと言うと『地方の自立』が私の持論です。地方分権。地方交付税に頼るのではなく、国から地方に権限と財源を移譲して、地方にはそれぞれの特色、魅力がありますから、そこで自分たちの責任のもとに、そこを経営する。そういう国にしたい。行きつく先は道州制だと思っています。地方分権をやって道州制へ」（菅義偉の「虚ろ」な国家観…口癖は「人事は政権のメッセージ」山岡淳一郎　Business Insider）

リモートワークを促進して、人口を地方に分散し、それによって地方経済を活性化するのはいいことですし、ぜひとも実行すべきです。しかし、地方分権はよほど気をつけないと、安全保障上の大きなリスクになります。サイレント・インベージョンは地方を狙ってくるからです。

繰り返しになりますが、豪州のビクトリア州の労働党政権は、連邦政府の反対に耳を貸さず、強引に一帯一路にのめり込んでしまいました。これを止めるために、豪モリソン政権は国会に「外国関係法案」を提出し、２０２０年12月に可決しました。この法律は、連邦政府に地方政府が外国と結んだ合意をすべて見直し、国益に反すると判断すれば破棄することができる権限を与えます。

つまり、連邦制を取る豪州は、逆に安全保障の観点から、中央政府の権限を強める必要性に迫られたのです。菅さん（そして石破さん）が考えているのとは正反対の方向です。

地方分権が悪いわけではありませんが、今日の世界情勢をよく勘案し、安全保障の意識を高めなければ、国をわざわざサイレント・インベージョンに差し出す羽目になってしまうのです。ですから、地方分権には、よほど慎重にならなくてはなりません。日本もすでに南北からやられていると考えるべきでしょう。

菅さんはこの現実が分かっていないのか？　それとも、分かっていて、わざと誘導しようとしているのか？　ここで我々国民は、菅さんに真剣な質問をしなくてはなりません。菅さんは、地方自治をどう捉えているか、です。

まず、憲法に基づくスタンダードな考え方は、地方自治体は「自治権を有するものの、あくまでも法令に違反しない範囲で地域的特性を勘案した施策を講じる」国の行政の延長である、というものです。その意味で、地方自治体は国の行政機能の下位に位置します。

ところが、1990年代以降、国家が国民の信託を受けた統治機構であるのと同様に、地方政府も住民の信託を受けた（社会契約による）統治機構で、国家と並立する対等な統治機構だという主張が現れます。つまり、地方自治体は国家を媒体としない、独立した統治機構だというのです。これがいわゆる「自治基本条例」の背後にある考え方ですが、地方から乗っ取ろうとする意図が透けて見えます。このような考え方が安全保障上の大きなリスクとなるのは自明の理です。まるで、サイレント・インベージョンを呼び込むような発想です。

州政府が大きな権限を持って、まるで国家であるかのように振る舞ってしまったのが、豪ビクトリア州の例であり、この問題で連邦政府を慌てさせました。もちろん、外交と安全保障は中央政府マターなのですが、地方政府が独立国のように振る舞いだすと、統制が困難になり、外国の浸透工作を呼び込むことになるのです。

この重大な問題について、菅さんの真意をたださないと、日本は大きな危機を迎えることになります。

中国の脅威に晒される世界で、日本が果たすべき役割とは?

新型コロナのパンデミックは確かに世界を変えました。世界中を惨禍に巻き込みましたが、しいて言えば、多くの国が中国の本性に気がついた、という点が不幸中の幸いでしょう。これまで優柔不断だった国々も、覚悟を決めざるを得なくなりました(例:イギリス)。

世界は間違いなく、米中対決を軸に二分化されていきます。中途半端な立ち位置は取れません。まして日本は、自国の安全保障をアメリカに委ねている半人前の身ですから、中立なんてできません。

そんな日本ですが、私は日本が国際社会で果たすべき重要な役割があると思っています。それは、アメリカを孤立させず、欧州を含めた自由主義陣営をまとめることです。

挙国一致で中国との闘いを決意したかに見えるアメリカですが、トランプ大統領の「アメリカ・ファースト」は、ややもすると同盟国にまで強く出過ぎて敬遠され、アメリカを孤立させてしまったきらいがありました。これは、常に分断工作をしている中国の思うつぼなので、『サイレント・インベージョン』の著者ハミルトン教授は、中国を封じ込めるためにはバイデンの方が望ましいと言っていたぐらいです。

言うまでもなく、もともとヨーロッパは、アメリカに対して強い対抗心があります。オーストラリアとニュージーランドがなぜ、中国のサイレント・インベージョンにかくも脆弱だったのかを考えると、両国ともに、アメリカに対する劣等感と対抗意識を根底に持っていることが、ひとつの理由だったように思えてなりません。

私自身、オーストラリアに長く住みましたから、よく分かります。オーストラリア人もニュージーランド人も、同じアングロサクソン系でありながら、圧倒的に強いアメリカに劣等感を持つと同時に、「偉そうにして、俺たちをいつも振り回しやがって！」と反発心を持っているのです。

「イラクの大量破壊兵器保有は嘘だったじゃないか！」

「TPPに俺たちを入れたあげく、自分だけ抜けやがって！」

中国はその心理をよく知っているので、わざと「オーストラリアはアメリカの副保安官なのか？」などと揶揄するのです。

実際、オーストラリアもニュージーランドも、リーマンショック後の世界経済を中国が牽引したのを見て、「これからはアメリカが没落し、中国が台頭する。我々はアメリカの呪縛から解き放たれ、中国と共に繁栄していく道が開けようとしている」と思ってしまった節がありました。それは、ハミルトン教授の『サイレント・インベージョン』でも触れられています。たとえ中国が一党独裁国家で、人権問題を抱える国であっても、自分たちはうまくやっていけるという希望的観測を持ってしまったのです。

もちろん、それはナイーブすぎるというものです。しかし少なくともオーストラリアは、コロナ禍に見舞われてそれに気がつきました。ニュージーランドはもう駄目かもしれませんが。

このように、ヨーロッパも、オーストラリアやニュージーランドも、潜在的にアメリカに対する反発心を持っていて、それが中華帝国に対峙する自由民主主義同盟の弱点となり得るのです。

フランスのマクロン大統領などは、NATOとは別にヨーロッパ独自の軍事同盟を作ろうなどと言い出す始末です。バイデン政権は他国間協調主義を掲げていますが、必要なリーダーシップを発揮できない可能性があります。なにしろバイデンは、オバマ政権下で南シナ海の中国による軍事基地化を黙認した張本人であり、決断力がないことで知られています。

イギリスとフランスも、東アジアに軍艦を派遣する積極性を見せてはいますが、誰かがこれをまとめなくてはなりません。ドイツはあてになりません。メルケルは非公式な会食の場で「人権よりもフォルクスワーゲンのセールスが大事」と口を滑らせたと、ある筋から聞いています。

そこで日本が果たすべき役割は、対中国の戦いが、自由民主主義をかけた、絶対に負けられない戦いであり、自由民主主義諸国が一致団結することの必要性を強調して、アメリカに適切なリーダーシップを求めながら、ヨーロッパやオーストラリア、ニュージーランドには、アメリカを中心として団結することの大切さを説き、全体がまとまるように努力することです。

これができれば、日本の国際的地位は飛躍的に向上するでしょう。日本は経済だけの国ではないと！

しかし、問題は日本政府にその意思と能力と覚悟があるか、です。

2020年5月、中国の香港政策に抗議する声明に参加することを米英加豪の4カ国に求められた日本政府が、中国への配慮から要請を断ったために失望されたという報道が流れ、騒ぎとなりました。

事実なら情けなく不名誉なことですが、フェイクニュースではないか、という強い抗議も噴出しました。私も、永田町方面に確認依頼をしました。その際、実際に米英加豪から参加要請があったかどうかが鍵だ、と申し上げました。

結局、「日本政府は独自に中国政府に懸念を表明しているので、対中配慮で中国批判を避けたという批判は当たらず、欧米諸国もその点は明確に認識している」という説明が、当時の菅官房長官からありましたが、米英加豪から誘いがあり、それを断ったのは事実のようです。したがって、完全にフェイクニュースとは言いきれません。それに、日本独自に懸念を表明したと言っても、「深く憂慮して注視していく」では弱すぎます。

外務省としては、2020年11月の米大統領選挙を見届けるまでは、大っぴらに中国を批判するのは危険だという思惑もあっただろうと推測します。またいつもの曖昧外交です。

すると、その穴を埋めようとするかのように、当時の安倍首相が衆議院予算委員会で、G7

で日本が率先して対中批判の声明をとりまとめる意向であると発言しました。たちまち中国は猛反発。「香港において国家の安全を守る法制度やその執行体制を確立することは完全に中国の内政であり、いかなる外国も干渉する権限はない。関係する国は国際法や国際関係の基本的なルールを順守すべきだ」と日本を牽制しました。国際法も国際関係のルールも平気で無視する国が、平然とこう言い放つことに心底あきれますが、いつものことではあります。

結局、安倍首相はぶれませんでしたが、菅首相がその姿勢を継承できるはずもありません。G7で、ウイグル人ジェノサイドに関する中国制裁に加わっていないのは日本だけです。中国が支配する世界で、日本は生きていけません。中国は地理的に近いから、だましだましつきあっていかなければならない、という意見をよく聞きますが、中国はそんな甘い国ではありません。

横暴な相手を刺激しないように妥協したり譲歩したりしても、結局は全面的に戦わざるを得なくなるのが常です。なぜなら、妥協や譲歩を尊重するような相手ならば、そもそも横暴なことをしてこないからです。妥協や譲歩の精神がもともとないから、執拗に攻撃してくるのです。そう考えると、米英加豪らと一緒に抗議声明を出しても良かったと言えるでしょう。その上で、米英加豪とヨーロッパを繋ぎ、さらにインドも加えていく。それこそが、安倍首相の追求したい戦略だったはずです。

それは形の上では進みつつあるようにも見えますが、日本は追随するのではなく、率先してまとめ役を果たさなくてはなりません。それが日本の国益のためであり、日本国民の生命と財産を守ることになるのです。受け身で生きていける時代は終わりました。

おわりに

もめにもめた米国大統領選挙ですが、バイデン政権が正式にスタートしました。

ところがなんと、政権発足直後の支持率が48％、不支持49％と、トランプ政権やオバマ政権を大幅に下回る数字が出てしまいました。米国史上最多の８千万票を獲得した大統領がこんなスタートを切るとは、実に不可思議です。不正があった、なかった、で大騒ぎしましたが、多くのアメリカ国民がバイデン政権に確信を持てずにいることが分かります。民主党支持者の３割がバイデンは正当に勝利していないと感じているとの調査結果もあります。

ここで直面する大きな疑問がありました。はたしてバイデン政権は、対中強硬策を継続するのでしょうか？　それとも、融和策に転じてしまうのでしょうか？

これまでのところは、強硬策を維持するように見えます。ブリンケン国務長官は、トランプ政権の対中政策はおおむね正しかったと認め、ポンペイオ前国務長官が表明した「中国によるウイグル人弾圧をジェノサイドと認定する」声明に賛成の意を示した米国務省は、台湾との連携を強化する方針を明確にしたと報じられています。国防長官に任命されたロイド・オースティン大将も、インド太平洋戦略について、「自由で開かれたインド太平洋」という言葉を使いました。

これらを見ると、バイデン政権も対中強硬策を継承しているように思われます。しかし私は、ふたつの問題を指摘したいと思います。

まず、これまでもずっと言ってきたように、ポーズはとっても実行ができるか、という問題です。バイデンはオバマ政権でも強気の発言をしていましたが、いつも腰砕けになり、中国による南シナ海の軍事基地化を許してしまいました。オバマ政権の後半になって、やっと中国の脅威に気づいたオバマ大統領が対中強硬策に転じましたが、副大統領のバイデンは最後まで腰が引けていたと言われています。

さらに、中国はもちろん、息子のハンターとジョー・バイデン自身の弱みを握っています。そのためにさんざん買収工作を仕掛けたのですから、当然です。中国はそれらをちらつかせながら、揺さぶりをかけてくるでしょう。バイデン家族のほかにも、バイデン政権を支える米国の支配層に幅広く浸透工作を仕掛けているのは明らかです。

しかし、問題はそれだけではありません。もうひとつの問題が致命的になる可能性がありま す。それは、異様な極左リベラルにおちいった民主党政権が、アメリカという国家を内側から溶かしてしまう危険性です。この問題はアメリカだけではなく、西洋社会全般に言えることですが、大統領選を通じて、自由民主主義の本丸であるアメリカが、ひどく病んでいることが分かりました。

キリスト教の衰退が顕著になったのは、最近ではありません。実は、もともと宗教国家のアメリカでキリスト教が衰退するのは、根本規範が崩れることを意味しますので、単なる宗教の衰退では済まないのです。キリスト教の衰退、教会の閉鎖と共に、社会の荒廃が進んだことは事実です。

しかし、今やそれだけではありません。ＢＬＭ（黒人差別反対）やアンティファ（反ファシズム）といった左翼過激派が自治区を作ってしまったり、過激な破壊活動に出たりしていますが、リベラルな政府は、これらを迅速に取り締まることができません。そして、アメリカのアイデンティティそのものを破壊してしまうような、キャンセル・カルチャーが横行しています。

その代表例のひとつが、ニューヨークタイムズが２０１９年に始めた「１６１９プロジェクト」です。要するに、従来の「信教の自由を求めた清教徒がメイフラワー号で新天地を求めた」というアメリカ建国のストーリーを排して、アフリカから黒人奴隷が最初に連れてこられた１６１９年をアメリカの起源としてアメリカの歴史を再構成する、という試みです。

この流れの中で、全米でコロンブスの銅像からリンカーンの銅像まで引き倒されて破壊されるという事件が頻発しました。リンカーンは奴隷解放の象徴だったはずですが、自らも奴隷を所有していたというのが、その理由らしいです。とにかく、徹底した自己否定です。

このような風潮の背後にあるのは、教育分野を中心に急速に拡散されるネオ・マルクス主義だと指摘されています。旧来のマルクス主義が、資本家階級と労働者階級の階級対立を思想の中心に置いているのに対して、ネオ・マルクス主義は、人種、ジェンダーなど、あらゆる分野に対立点を見出し、悪と見なす一方を徹底的に攻撃して既存の社会秩序を破壊し、革命を起こして自分たちが理想とする社会を実現しようとします。

こんなことでは国が崩壊してしまう、と危惧したトランプ大統領が発動したカウンタープロジェクトが「1776委員会」です。こちらは1619プロジェクトが推進する自虐史観に対抗し、イギリスからの独立をアメリカの原点として、健全なアメリカの在り方を教育に織り込んでいこうとするものでした。しかし、バイデン大統領は就任と同時にこの1776委員会を廃止してしまいました。

また、日本ではまったく報じられなかったのですが、バイデンは就任演説で、自分の政権で倒すべき3つのものとして、次のものを挙げています。

政治的過激主義（Political Extremism）
白人至上主義（White Supremacy）
国内のテロリズム（Domestic Terrorism）

これらが、ネオ・マルクス主義に根ざす発想で、トランプを支持する保守層を暗示しているのは明らかです。

民主党で下院議長のナンシー・ペロシが議会で性別を想起させる言葉の使用を禁じるルールを導入したことをご存じの方も多いでしょう。お父さん、お母さん、お爺さん、お婆さんなど、性別が分かる言葉を議会で使ってはいけないというのです。完全に狂っています。

さらにバイデンは、トランプがあれほどこだわったメキシコとの国境に築いた壁の建設を中止し、不法移民の国外追放を100日間停止し、不法移民を国税調査に含めると宣言しました。

すると早速、ホンジュラスからグアテマラを経由して大量の移住希望者が押し寄せました。大量の不法移民は、もちろん国家を変容させてしまいます。民主党にしてみれば、それらの移民は自分たちの党を支持してくれるだろうという目論見があります。

また、「白人原罪史観」も蔓延しています。白人であること自体が罪であり、コカ・コーラのような世界的な大企業が、「いかに白人的な要素を減じるか?」というような社内トレーニングを従業員に課しています。つまり、近代を作ったとされる西洋文明が崩壊の危機に瀕しており、そのリーダーであるべきアメリカが、内部から溶けだしているのです。

まだまだ挙げればキリがないのですが、このように、ネオ・マルクス主義を信奉する極左リベラリストに支えられるバイデン政権は、たとえ表面的には対中強硬策を採用しても、アメリカという国家の背骨を砕き、ドロドロに溶かしてしまう恐れがあるのです。そんな状態で中国と戦えるでしょうか？

そして、この傾向はアメリカだけにとどまらず、ほとんどすべての西側諸国に該当する問題です。ヨーロッパはキリスト教の退潮と同時に、イスラム系移民の大量流入によって文化が変容しつつあります。ヨーロッパのイスラム教徒は、本国の住民よりも過激化する傾向が強く、人口でヨーロッパを乗っ取ってしまおうと、本気で考えています。

これは大変な危機です。中国の覇権主義と戦いながら、国家が深刻な分断を抱えて内部から溶けていくのです。

前述したように、オーストラリアにも、こうした自虐ウイルスが届いています。国営放送のＡＢＣが、オーストラリアの建国記念日にあたる1月26日のオーストラリアデイのイベントガイドのタイトルに、「オーストラリアデイ／侵略の日」と表記した件です。

これも、１６１９プロジェクトと類似した発想です。つまり、「１７７８年に囚人を乗せた第一船団がシドニー湾に入港した日」を、白人がアボリジニーという先住民が住む土地を侵略した日だというわけです。幸い、オーストラリアはアメリカよりはましなので、ＡＢＣは各方面から厳しい批判を受けて、タイトルから「侵略の日」を削除しました。

この危機的な状況下において、幸いにも比較的健全さを維持しているのが日本です。

日本では、こういう問題が発生しないという、素晴らしい利点があります。何しろ、カレンダー上には建国記念日という祭日が存在しても、日本の建国はキリストが生まれるずっと前の神話の世界であり、事実を巡って論争しようという発想が希薄です。日本人にとって、日本はずっと日本であり、日本人は日本人なのです。日本人にとって当たり前のこの事実が、日本人がいかにラッキーな民族かを物語っています。

日本でも移民が急増していますが、まだ国家のアイデンティティを破壊するレベルには至っていません。それでも急激な移民の流入は危険ですから、すぐに政策転換する必要があります。そして、今こそ比較的安定している日本が、自由民主主義を守るためのリーダーシップを発揮しなくてはならないのです。瓦解するアメリカやヨーロッパを叱咤激励し、オーストラリアやインドと同盟して、中国の覇権主義と、過激さを増す極左リベラリズムの拡大を止めなければなりません。そのためには、アメリカを始めとする各国の政府与党だけでなく、良識ある人々と連携していかねばなりません。それができるのは、今や日本だけです。そしてオーストラリアは、日本にとって極めて重要なパートナーです。

これは決して大げさな話ではありません。世界の未来は、日本の行動にかかっているのです。このまま戦後敗戦レジームに浸ったままアメリカと心中するのか、世界最古の国として、世界の平和と安定に寄与するのか。日本は覚悟を決めなければなりません。

自衛のための憲法改正も真剣に考えなくてはなりません。政府与党に任せているだけでは全く不十分です。私たち日本国民のひとりひとりが覚醒して、働きかけていかねばなりません。

大きな危機ではありますが、しかし日本にとっては、本来の独立国に戻るチャンスでもあります。日本が世界に誇る文明国として回帰することが、世界の危機を救うことに直結するのです。

本書が少しでも、その一助になれば幸いです。

◇著者◇
山岡鉄秀（やまおか・てつひで）

1965年、東京都生まれ。

中央大学卒業後、シドニー大学大学院、ニューサウスウェールズ大学大学院修士課程修了。

2014年に、豪州ストラスフィールド市で中韓反日団体が仕掛ける慰安婦像公有地設置計画に遭遇。シドニーを中心とする在豪邦人の有志と反対活動を展開。オーストラリア人現地住民の協力を取りつけ、その阻止に成功。現在は日本で言論活動中。

公益財団法人モラロジー道徳教育財団研究員、令和専攻塾塾頭。

著書に、『新・失敗の本質』『日本よ、情報戦はこう戦え！』（育鵬社）、『日本よ、もう謝るな！』（飛鳥新社）、監訳書に『目に見えぬ侵略』（クライブ・ハミルトン著、飛鳥新社）、訳書に『世界の未来は日本にかかっている』（アンドリュー・トムソン著、育鵬社）などがある。

著者ホームページ：https://www.tetsuhide-yamaoka.com
メールマガジン「山岡鉄秀の対外情報戦で勝ち抜けろ！」https://foomii.com/00194
オンラインサロン「日本国際戦略研究所」https://lounge.dmm.com/detail/2460/

※本書は、著者発行のメールマガジンや雑誌掲載論文などを加筆修正し、再構成したものです。

vs. 中国（バーサス・チャイナ）

令和3年6月16日　　第1刷発行

著　者　山岡鉄秀
装　幀　フロッグキングスタジオ
発行者　日高裕明
発　行　株式会社ハート出版

〒171-0014 東京都豊島区池袋3-9-23
TEL03-3590-6077　FAX03-3590-6078
ハート出版ホームページ　http://www.810.co.jp

ISBN978-4-8024-0119-7　印刷・製本 中央精版印刷株式会社